KB267247

신입사원은 무엇으로 성장하는가

신입사원은
무엇으로
성장하는가

초판 1쇄 발행 2015년 8월 15일
초판 2쇄 발행 2017년 1월 1일

지 은 이 홍석환
발 행 인 권선복
편   집 김정웅
디 자 인 이세영
마 케 팅 권보송
전 자 책 천훈민
발 행 처 도서출판 행복한에너지
출판등록 제315-2013-000001호
주   소 (157-010) 서울특별시 강서구 화곡로 232
전   화 0505-613-6133
팩   스 0303-0799-1560
홈페이지 www.happybook.or.kr
이 메 일 ksbdata@daum.net

값 15,000원

ISBN 979-11-86673-04-1   13190

Copyright ⓒ 홍석환, 2015

* 이 책은 저작권법에 따라 보호받는 저작물이므로 무단전재와 무단복제를 금지하며, 이 책의 내용을 전부 또는 일부를 이용하시려면 반드시 저작권자와 〈도서출판 행복한에너지〉의 서면 동의를 받아야 합니다.

도서출판 행복한에너지는 독자 여러분의 아이디어와 원고 투고를 기다립니다. 책으로 만들기를 원하는 콘텐츠가 있으신 분은 이메일이나 홈페이지를 통해 간단한 기획서와 기획의도, 연락처 등을 보내주십시오. 행복한에너지의 문은 언제나 활짝 열려 있습니다.

신입사원은
무엇으로
성장하는가

홍석환 지음

비전을 세우고,
가치를 높이고자 하는 이들을 위하여

한 사람의 인생을 긍정적으로 바꾸는 일은 쉽지 않다.

신입사원과 그를 이끄는 사람들은 '백지에 그림을 어떻게 그려가야 하는가?'와 같은 고민을 토로한다. 신입사원 교육을 담당하게 된 멘토 선배는 어떤 목표를 부여하며, 어떤 내용으로 교육을 해야 할지 고민이 많다. 조직장도 마찬가지이다. 어렵게 부서에 신입사원을 받았지만, 어떻게 육성하는 것이 바람직한가 고민스러워한다. 더 큰 문제는 신입사원이다. 막연하게 대학과 직장은 다르다는 이야기는 들었지만, 직장생활을 해 보지 않았기 때문에 기쁨에 가득해야 하는 그 첫 출발을 힘들어한다.

직장생활을 하면서 지난날들을 돌아보면 '그때 이런 생각을 했으면', '그 당시 이렇게 일을 했다면', '그때 이런 사람을 만나고 이런 책을 읽었다면' 하는 후회가 있다. 신입사원 때, 첫 상사가 누구였느냐에 따라 인생이 달라진다고도 한다.

삼성에서 근무한 김철수 부장은 임원이 되자마자 신입사원 때 사수였던 선배를 찾아갔다.

"선배님, 제가 임원이 될 수 있었던 것은 선배님께서 올바른 방향을 수립하게 하셨고, 일과 사람의 가치를 심어 주셨기 때문입니다."

신입사원 때 선배에게 호되게 꾸중 듣고, 마음에 새긴 일들이 향후 성장의 밑알이 되었던 것이다.

한 사람의 인생을 긍정적으로 바꾸는 일은 쉽지 않다. 직장생활 10년 넘은 사람의 생각과 행동을 바꾼다고 바꿔지겠는가? 그러나 신입사원이라면, 희망이 있다. 그들에게 좀 더 강하고 넓은 생각을 심어 주는 역할을 그 누군가 해야만 한다.

줄긋기라는 것이 있다. 원점에서 똑바로 그은 줄과 미세하게 각도를 다르게 하여 그은 줄은 처음에는 큰 차이가 나지 않지만, 그으면 그을수록 그 간격은 더 벌어진다.

나는 '신입사원들이 회사의 경영자'라고 생각한다. 신입사원을 어떻게 바라보느냐에 따라 그릇의 크기가 달라진다. 신입사원 교육을 담당하는 서정우 씨는 "나는 신입사원을 회사의 경영자라고 생각하고, 보다 고민하고 연구하도록 육성했다."라고 한다. 단순히 회사의 현황과 제도 소개, 공동체 의식과 직장인의 자세만을 그들에게 심어줘서는 안된다. 열과 성을 다해 제 몫 이상을 하는 사람이 되어, 회사와 개인을 이끄는 사람이 되도록 해야 한다. 흔히들 신입사원이 3년 정도 지나야 제 몫을 한다고 한다. 잘못된 말이다. 이 이전에 그들이 업무 담당자로서의 전문성을 갖춘 회사의 기둥으로 우뚝 서야 한다. 처음부터 신입사원에 대한 인식을 달리 가져야 한다.

신입사원과 이들을 육성할 책임이 있는 사람에게 방향이 되고 싶었다.

처음부터 패자의 글을 쓰고 싶지 않았다. 승자가 되어 자신을 이끄는 글을 통해 뭔가 비전이나 꿈을 키워 주고, 그 비전을 달성하기 위한 마음 자세와 방법을 알려 주고 싶었다. 내 아이들에게, 내 회사에 입사한 후배들에게 도움이 될 수 있는 글을 남겨주고 싶었다. 나아가, 이들의 육성책임을 맡고 있는 소속 조직장에게 자극이 될 수 있는 이야기를 적고 싶었다. 선배로서 해 주고 싶은 이야기들을 나누고 싶었다. 그래서 이 책의 구성은 크게 5영역으로 나누었다.

제1장은 신입사원으로서 어떤 마음을 가져야 하는가에 초점을 두었다. '나는 단 한 번도 신입사원이라 생각한 적이 없다.'를 통해 신입사원의 마음가짐을 정의해 봤다.

신입사원은 무엇으로 성장하는가

제2장은 신입사원이 아닌 경영자로서 무엇을 계획할 것인가에 초점을 두었다. '10년을 설계한다.'는 리더의 마음, 10년 후 회사, 비전 수립으로 구성되었다.

제3장은 비전을 달성하기 위해 먼저 직무일를 잘하는 법에 초점을 두었다. 앞서 생각하는 사원, 과거의 관습에서 벗어나 새로운 아이디어를 창출하고, 일 그 자체를 통해 성장해 나가는 신입사원 상을 강조했다.

제4장은 사람 관계를 통한 성과 관리에 초점을 두었다. 상사, 동료, 대인 관계의 원칙과 방법을 기술했다.

마지막, 제5장은 열정과 자부심이다. "우리 회사의 철학과 가치를 남에게 맡길 수 없습니다. 내가 하겠습니다." 신입사원이 자신의 일에 혼을 심고, 주도적으로 이끄는 자세를 담아 보았다.

책은 혼자의 힘으로 세상에 나올 수 없다.

신입사원이 경영자가 되기까지는 많은 사람들의 힘이 모아져야만 한다.

이 한 권의 책이 출판되기까지 수없이 많은 분들의 도움을 받았다.

먼저, 신입사원에 대한 책 출판의 필요성과 교정과 편집의 전 과정에 아낌없는 지원과 조언을 해 준 행복한에너지의 권선복 사장님께 감사드린다.

이 책이 나오게 된 기초가 되어 준 많은 사람들의 경험에 감사한다.

나에게 영향을 준 선생님, 선배와 동료, 후배들에게 감사한다. 이제
곧 신입사원이 될 두 딸과 밤늦게까지 원고 작업하고, 주말마다 서재
에서 나오지 않아도 불평 없이 두 아이를 돌보며 격려를 해 준 아내
에게 이 글을 바친다.

2015. 7
신탄진 KT&G 사택에서 홍석환

신입사원은 무엇으로 성장하는가

삼성생명 연제훈 부사장

늘 활기와 아이디어가 넘치는 신입사원들은 이를 바라보는 것만으로도 다른 직원들에게 큰 활력소가 됩니다. 많은 신입사원들이 이 책을 읽고 실질적으로 회사를 이끌 미래의 리더로서의 기백과 비전을 보여주기를 기대합니다.

삼성전자 이순영 전무

회사생활에 있어 정도란 없습니다. 하지만 수많은 선배들이 갈고 닦아 놓은 길을 먼저 들여다본다면 어떻게 해야 할지 큰 그림이 그려지기 마련입니다. 선배들의 노하우를 집약한 이 책이 현재 막 사회에 진입한 청년들에게 든든한 멘토가 되어주기를 기원합니다.

전국기업독서동아리연합회 회장 / 현대모비스 고동록 이사

오랜 시간 회사생활을 해 왔지만 이 책을 읽으며 다시 많은 것을 배웁니다. 끊임없는 학습이야말로 진정한 자기를 찾아가는 여정임을 다시 한번 확인시켜 줍니다. 진정한 사회인으로 새롭게 출발하는 신입사원에게 이 책은 훌륭한 길라잡이가 되어줄 것입니다.

한국HR포럼 강일홍 회장

어찌 보면 회사의 입장에서 가장 큰 희망은 '신입사원'일 것입니다. 그들 한 명 한 명이 보여주는 비전이 곧 회사의 성장과 직결되기 때문입니다. 후배들을 위해 지금까지의 연구를 아낌없이 책에 담아낸 저자에게 큰 박수를 보냅니다.

치열한 경쟁을 뚫고 원하는 회사에 입사한 후에, 적응에 실패하여 곧 떠나는 직원들을 자주 보곤 합니다. 『신입사원은 무엇으로 성장하는가』는 그러한 이들에게 실전적인 대응책과 자기계발의 묘를 알려줄 단 한 권의 책입니다.

힘겨운 회사생활 때문에 고민은 많지만 어디에게 이야기하지 못하고 끙끙 앓았던 기억이 아직도 생생합니다. 『신입사원은 무엇으로 성장하는가』을 읽고 보니 그때의 문제점은 무엇이었는지, 어떻게 해결할 수 있었는지를 명쾌히 깨닫게 되었습니다.

많은 젊은이들이 회사생활의 어려움을 토로합니다. 이는 진정으로 상대방을 가족으로 생각하는 따뜻한 마음이 부족한 데서 생겨납니다. 이 책은 비록 한 권의 자기계발서이지만 인간관계 개선과 향상, 소통의 스킬과 같은 온기를 담고 있습니다.

치열한 경쟁 사회 속에서 회사생활은 그 자체만으로도 큰 스트레스입니다. 물론 그 중압감을 모두 떨쳐낼 수는 없지만 최소화할 방법은 분명 있을 것입니다. 이 책이 든든한 지원군으로서, 하나의 이정표로서 우리 신입사원들에게 힘을 보태주기를 바랍니다.

회사마다 업무환경과 기업문화는 모두 다르겠지만 결국 사람과 사람
이 마주하는 곳이기에 문제점이나 해결책 모두 비슷하기 마련입니다.
『신입사원은 무엇으로 상장하는가』 책은 그 핵심 노하우를 집약한 정
석으로 회사원들의 기억 속에 오래 남을 것입니다.

이 책은 신입사원만이 아닌, 상사들을 포함한 전 직원이 읽어야 할 자
기 경영서입니다. 어떻게 난관을 기회를 만들고 상대방을 내 편으로
만드는지에 대한 놀라운 혜안이 매 페이지마다 환히 빛나고 있습니다.

목차

1 나는 단 한 번도 신입사원이라 생각한 적이 없다

1 : 열정이 있으면 반드시 합격한다 · 28

나는 이 회사 사람입니다 | "인재가 없다", "아닙니다. 제가 인재입니다" | S급, A급 인재가 된다

2 : 언제까지 신입사원으로 머물 것인가? · 39

신입사원 교육에서 배우다 | 조기 전력화, 그 이상을 위해 나아간다 | 멘토 선배의 일성 | 나는 신입사원이 아닙니다

3 : 나는 일을 잘하기 위해 이 회사에 왔다 · 52

왜 이 일을 할까? (목적 지향적 사고) | 결과를 생각하며 과정을 그린다 (시스템적 사고) | 얻고자 하는 것과 영역을 구분하다 (합리적 사고) | 과거에 머물지 않다 (창의적 사고)

2 10년을 설계하다

3 실력, 실력
그리고 고집스러운 실력

4 관계의 성패가 미래를 좌우한다

5 열정과 자부심

1

나는 단 한 번도
신입사원이라
생각한 적이 없다

어느 신입사원의 편지

2년의 시간,

회사에 들어와 이해할 수 없는 많은 일들을 경험했다.

웬 술을 그리 마시고, 전부 다 가기 싫다는 회식은 누구 좋아서 하는지.

그 비용은 모두 법인카드를 사용하고, 왜 야근을 생각해 놓고 천천히 일을 하며, 실력보다도 상사와의 관계가 우선시되어야 하는가를.

문서의 오탈자 하나로 재작성, 순서가 바뀌었다고 재작성, 고치고 고치다 보면 제자리이다. 회의는 왜 그리 많은지. 자료도 제공되지 않은 회의에 앉아 있다가 한마디 말 않고 나와, "갔다 왔습니다." 하면 수고했단다.

잠시 생각에 잠겨 본다. 10년 후 나는 어떤 모습이 될 것인가?

우리 회사가 지속적으로 성장하기 위해서는 무엇을 갖추어야 할 것인가?

임직원의 가슴을 뛰게 하는 비전이 있고, 기업문화는 신뢰를 기반으로 유연하며, 창의와 혁신이 넘치고 개방적이어야 한다. 인사제도는 성과를 중시하며 누구에게나 공정하고, 경쟁에서 뒤처질까 두려워 조직 전체가 실력을 쌓는 모습이 살아 숨 쉬어야 한다. 선배는 후배에게 엄격하되 정으로 이끌며, 후배는 선배를 보며 존경과 감사의 마음이 흘러야 한다. 상사는 업무능력과 리더십을 바탕으로 강하게 채찍을 가하면서도 칭찬과 인정을 잃지 않는 그런 모습이 되어야 한다.

그러나 눈앞의 이해할 수 없는 수많은 현상에 걱정으로 잠을 설친다.

도대체 이 회사의 최고경영자는 이러한 사실을 알고나 있는지?

어떻게 이 회사가 돈을 벌고 유지가 되고 있는지?

사장님은 "월급쟁이 근성을 버려라." 한다. 그러나 자신의 휴가조차도 사용 못 하고, 자기주장 한번 못 하고 끌려간다. 자신만의 목소리를 내지 못한다. 월급쟁이가 되어야 살아남을 수밖에 없는 문화와 제도 속에 이끌리게 한다. 전문가가 되기 위해 입사하였지만, 어느 순간 주관 없는 회사원이 되어 간다. 회식 장소에서 조직장이 오지 않으면 아무도 시키지도 먹지도 못하는 상황이 발생한다. 1시간이 넘어도 아무도 움직이는 사람이 없다.

서로의 눈치를 보며, 결국 자신의 무력함만 드러낸다.

나는 어느새 신입사원이 아닌 기존사원이 되어 간다.

1 나는 단 한 번도 신입사원이라 생각한 적이 없다

나에게는 꿈과 열정이 있었다

미국의 어느 철도회사 사장이 선로 수리 현장을 시찰하고 있었다.

그때 한 작업공이 다가와 말을 건넸다.

"오랜만이네! 자네 대단히 출세를 했군. 자네가 사장이 되었다는 말을 들었을 때 정말 놀랐어……."

그는 10년 전에 사장과 함께 작업공으로 일을 하던 친구였다.

"10년 전에는 나와 함께 50달러의 일당을 벌기 위해서 일을 했었는데, 자네는 정말 많이 변했군."

사장이 대답했다.

"그랬었나? 자네는 50달러를 받기 위해 일을 했었나? 나는 10년 전에도, 지금도 이 철도회사를 위해서, 그리고 세상 사람들이 쾌적하게 여행을 할 수 있도록 하기 위해 열심히 일을 하고 있다네."

생각의 차이가 인생의 차이를 낳게 한다.

우리는 유사한 내용으로 3명의 석공 이야기도 기억한다.

먹고살기 위해 돌을 쪼는 석공, 집을 짓기 위해 돌을 쪼는 석공 그리고 이 집에 들어와 미소 짓는 사람들의 행복한 미소를 떠올리며 돌을 쪼는 석공. 나는 어떤 꿈과 열정으로 지금 하고 있는 일을 하고 있는가?

40년 후를 생각해 보자.

지금은 동일한 신입사원이고, 모두 60이 넘어 인생의 종착점을 향해 달리는 점에서는 같을 것이다. 그러나 그들이 40년을 어떤 철학과 원칙으로 어떻게 살아왔느냐에 따라 그들의 사회적 존경도와 지위는 큰 차이가 있을 것이다.

40년이 지난 다음 나는 어떠한 위치에 있을 것인가?

나는 인류와 사회에 어떤 영향을 주는 사람이 되어 있을까?

나는 나 자신에 대해 만족한 삶을 살아왔다고 행복한 미소를 지으며, 도전할 더 많은 일들을 향해 나아가고 있을까?

나는 내가 이끌고 있는 조직과 구성원으로부터 존경받고, 그들은 나의 의사결정과 리더십에 더욱 성장해 나가고 있을까?

한 교수님이 계셨다. 65세에 은퇴하시고 시골에 내려가 텃밭을 일구며 30년을 사셨다. 교수님은 1~2년 살면 저세상으로 가겠지 하는 마음에 텃밭을 가꾸는 일 이외에는 다른 일에 관심을 두지 않았다. 어느 날 제자 교수가 은퇴하여 찾아왔을 때, 노교수는 "만약 내가 90살 넘어서까지 산다는 것을 알았더라면 나는 이렇게 살지 않았을 것이다. 당신

1 나는 단 한 번도 신입사원이라 생각한 적이 없다

은 후학들을 위해 저술과 강의를 계속해라."라고 했다고 한다. 우리의 마지막은 은퇴를 하는 60대가 아닌 죽음을 맞이하는 90대인 것이다. 90세가 넘은 피터 드러커에게 "당신이 쓴 책 중에 가장 명저는 어떤 책이냐?"라고 물었다. 드러커는 "이전에 쓴 책이 아닌 앞으로 출판될 책이다."라고 하였다. 노교수와 드러커의 차이는 꿈과 열정을 살아 있는 한 간직하고 있느냐이다. 이것이 인생의 가치를 결정해 준다.

지금은 신입사원이다. 앞으로도 신입사원으로 남을 것인가?

어떻게 생각하느냐의 차이이다.

대부분의 사람들은 신입사원이기 때문에 신입사원다운 생각과 행동을 한다.

신입사원 중에 나는 신입사원이라고 생각하지 않는 사람은 없는 것일까.

40년이 지난 후 "나는 신입사원이라고 생각한 적이 한 번도 없었다. 나는 내가 가장 사랑하는 기업에 들어오고 싶어 입사했고, 이곳은 내가 지금도 가장 사랑하는 곳이다. 나는 내가 가장 하고 싶은 일을 했고, 지금도 그 일에 매료되어 더 큰 도전과 성과를 생각하고 있다."라고 언제 어디서 누구에게나 이야기하는 당신은 꿈과 열정이 살아 있는 사람이다.

삼성 이계하 부사장의 삼성 입사 시 꿈은 회장님과 가장 가까운 곳에서 근무하는 것이었다. 그는 비서실 인사팀에서 회장을 모시게 되었

신입사원은 무엇으로 성장하는가

고, 나아가 회장님의 수행비서로 가장 측근에서 모시는 위치에 오르게
되었다. 그는 입사부터 이미 신입사원이 아닌 꿈과 열정이 있었던 것
이다.

1 나는 단 한 번도 신입사원이라 생각한 적이 없다

1 : 열정이 있으면
반드시 합격한다

나는 이 회사 사람입니다

\# 회사는 준비된 사람의 손을 들어 준다.

인사팀장으로 면접을 보게 되는 경우가 많다. 면접장을 가면 초조하게 서 있는 지원자들을 본다. 그들은 무슨 질문이 나올 것인가에 대해서만 온갖 관심이 쏠려 있다. 누가 지나가고, 이 회사의 분위기가 어떻고, 진행하는 사람이 무엇을 가장 중시하는가에 대해 생각할 여력이 없어 보인다. 면접이 시작되고 당혹스런 상황이 발생되었다.

한 여성 지원자가 면접관 앞에 나와 명함을 주며 인사를 한다.

"저는 ○○회사 자재팀을 지원한 차미경입니다."

명함에는 회사, 부서, 성명이 인쇄되어 있었다. 당연 질문은 차미경 씨에게 많이 주어졌다.

"왜 이런 생각을 하게 되었나요?"

차미경 씨는 "이 회사에 입사하기 위해 이 자리에 서 있는 것이 아닌, 이 회사 사람으로 자신을 평가받고 싶어 이 자리에 서 있다."고 이야기한다. 입사하기 위해 면접을 받는 사람과 회사 구성원이라는 생각을 갖고 면접에 임하는 사람은 차이가 있다. 한 발 앞선 생각을 하는 사람에게 당연 손을 들어주게 된다.

어느 회사의 면접은 로비 안내원으로부터 시작한다.

50대의 경비 복장을 한 면접관이 입사하기 위해 회사를 방문하는 지원자를 응대한다. 어떻게 왔느냐? 어디를 찾느냐? 무엇을 도와줄까요? 등등 기본적인 질문을 하며 그들을 관찰한다. 긴장한 탓도 있고 귀찮음도 있어 건성으로 이야기하거나, 무시할 수 있다. 그러나 이 회사 사람이라면 이런 행동은 인정되지 않는다. "안녕하세요." 인사가 먼저이다. "이번에 면접 보러 온 홍길동입니다. 잘 부탁드립니다." 이 한마디가 준비된 사람의 자세이다.

또 다른 면접의 한 장면이다. 질문에 제대로 이야기도 못하고 무척이나 긴장되어 소위 면접을 망친 한 젊은이가 있었다. 얼굴이 붉어진 상태에서도 수고했다는 이야기에 어디서 그런 용기가 났는지 "한 말씀

1 나는 단 한 번도 신입사원이라 생각한 적이 없다

만 드리겠습니다."한다. 물론 다른 지원자에게는 결례되며 룰에 벗어난 행동이다. 그러나 면접관도 "하고 싶은 이야기 있으면 해 보세요."라는 마지막 배려를 하지 않았기에, 인정할 수밖에 없다. 젊은이는 "나는 이 회사만 생각하고 입사준비를 했습니다. 나는 단 한 번도 이 회사 사람이 아니라고 생각한 적이 없습니다. 홈페이지는 물론 신문기사로 정보를 섭렵하고 방학마다 인턴으로, 아르바이트로 이 회사의 하나하나를 알기 위해 노력했습니다. 제가 회사를 조사하고 여기서 근무하면서 정리한 개선 아이디어입니다." 하며 바인더를 꺼내 보인다. 과제, 문제점, 개선점이 정리되어 있다.

기회는 준비된 사람에게 주어지는 것이다.

운칠기삼이라고 한다. 여기서 운은 아무에게나 언제든지 주어지는 것이 아니다. 준비되어 있는 자, 깨어 있는 자에게 주어지는 것이다. 모든 사람은 어느 정도 준비를 한다. 더 차별화된 준비를 하는 사람이 경쟁력이 있고 운을 잡게 된다. 경품으로 1년에 1억 가까이 혜택을 받은 사람이 말한 비결은 차별화이었다. 경품을 내건 사람의 입장에서 글을 쓴다고 한다. 엽서도 그냥 엽서가 아니라 정성을 다해 돋보이게 한 엽서를 사용한다. 가능하다면 연락을 취해 이런 기회를 준 것에 대해 감사한다고 한다. 준비된 사람이다.

신입사원은 무엇으로 성장하는가

30년 전만 해도 회사가 전부였다. 무엇을 시키더라도 반항하지 않았다. 저녁에 회식하자는 이야기를 당일 통보해도 100% 참석이다. 그만큼 회사가 나와 내 가족에 미치는 영향이 컸기 때문에 평생직업이 아닌 평생직장의 개념에서 일했다. 시대가 바뀌었다고 한다. 이러한 행동을 하는 조직장은 나쁜 조직장이 되었고, 할 수도 없게 되었다. 회사도 나의 성장의 수단일 뿐 전부가 아니라고 이야기한다. 평생직장은 없고 평생직업이 더 강조되고 있다. 내 회사가 아닌 주주의 회사 또는 오너의 회사라고 한다. 하루 가장 많은 시간을 보내게 되는 직장이 내 직장이 아니라는 생각 속에서 목표와 열정은 엷어질 수밖에 없다. 삼성인력관리위원회에서 채용업무를 하는 박사원은 1년에 한두 번은 반드시 선 입사하고 군에 간 ROTC 장교들에게 전화 또는 엽서로 안부를 전한다. 6월 말 제대하는 그들에게 제대 축하한다는 전보는 기본이다. 회사가 하라고 해서 하는 것이 아니다. 내 손으로 뽑은 내 후배가 내 회사에 근무하기를 바라는 마음에서란다. '여기는 내 영혼과 내 몸이 머무는 사랑하는 내 집입니다.'의 마음가짐이 중요하다.

"인재가 없다", "아닙니다. 제가 인재입니다"

\# Spec이 아닌 회사에 맞는 인재가 되라.

최근 현장의 임원들과 이야기를 나누다 보면 공히 "인재가 없다."라고 한다. 솔직히 최근 들어오는 신입사원들의 Spec은 기존 조직장이 볼 때는 따라가기 힘든 내용들이다. 토익 900점 이상, 모든 PC 조작능력은 상급이다. 대학 3~4학년 때, 어학연수 다녀온 것은 어느 순간 필수가 되었다. 학교 수업을 하면서 발표를 많이 해서인지 프레젠테이션 스킬도 뛰어나다. 질문을 하면 막힘이 없다. 씽긋씽긋 웃기도 하며 밝기도 한다.

문제는 기본자세에 있다. 조금만 혼이 나면 풀이 죽어 있고, 무엇보다 모두가 전략/기획업무만 하려고 한다. 단순하고 일상적인 업무는 '왜 내가 이것을 해야 하냐?'는 식이다. 보고서 작성한 것을 보면 정성이 없다고 한다. 인사하는 사람이 없고, 지시를 해도 건성으로 듣는 듯하다고 한다.

이러다 보니 우리에게 맞는 인재가 없다고 한다.

\# 저에게 다른 업무를 주세요. 더 배우고 싶습니다.

두 명의 아르바이트 학생을 선발하여 2개월간 함께 일을 하였다.

신입사원은 무엇으로 성장하는가

면접 당시에는 어떤 일이라도 성과를 창출하겠다고 자신 있게 이야기했다. 오리엔테이션이 끝나고 업무가 주어졌다. 기존 직원이 하면 4시간이면 끝나는 일이었다. 한 명은 5시간 정도 소요되어 끝내고, 끝낸 결과를 보여 줬다.

잘되었고 몇 가지 수정만 해 주면 되었다. 수정이 끝나고 다소 어색한 분위기로 자리에 앉아 있다. 그도 그럴 것이 특별히 주어진 업무가 없기 때문이다. 다른 한 명은 6시간 정도 소요되었고, 수정할 부분도 없었다. 수정할 부분이 없다고 하자, "저에게 다른 업무를 주세요. 더 배우고 싶다."라고 한다. 두 사람 모두 2개월이 지났고 학교로 돌아갔다. 누가 입사 가능성이 높고 향후 인재가 되겠는가?

우연히 신입사원 한 명이 "우리 회사에는 인재가 없다."라는 이야기를 들었나 보다. 시간을 내어 면담을 하면서 인재가 없는 이유를 들었다. 그는 사업의 특성, 조직장의 수준과 의식구조, 제도의 비효율성 그리고 불필요한 반복 업무가 많다는 점을 들어 인재가 될 수 없는 구조라고 한다. 지적이 옳을 수 있다. 그러나 대안이 없다. 아는 것과 행하는 것의 차이는 크다. 오히려 그 자리에서 "아닙니다. 제가 인재이고 싶고, 인재입니다. 저를 더욱 성장하게 알려 주고 이끌어 주세요." 하고 왜 이야기를 못했을까?

내가 인재이고, 이를 실천하게 하는 회사가 초일류 회사이다.

회사 인재가 처음부터 선정되어 있는 것이 아닌 만들어져 가는 회사가 있다. 우리가 알고 있는 P&G, GE, SAS가 대표적인 회사이다. 국내 기업으로는 단연 삼성이다. 이런 회사가 좋은 회사이다. 나아가 그 회사의 모든 구성원이 내가 인재이며, 나는 인재로서 회사에 기여하고 있다고 확신하며 실천하는 회사가 초일류 회사다.

누가 더 사랑스럽겠는가?

이제 역할을 바꾸어 생각해 보자.

면접에 임하는 조직장과 앞서 입사한 각 부서의 기존 사원들은 신입사원들이 어떤 생각과 어떤 행동을 하길 원하겠는가? 불평불만을 하거나, 팀 내 업무가 바쁜데 자신의 업무가 아니라고 출퇴근과 휴가는 정확히 지키는 신입사원에게 정이 가겠는가?

이보다는 친근하게 인사하고, 자신에게 업무를 나눠 달라고 하며, 모르는 것을 가져와 미안한 듯이 묻고, 살며시 책상에 과자나 사탕 하나 놓고 "감사합니다, 선배님." 메모 써놓고 퇴근하는 신입사원이 더 사랑스럽지 않은가.

흔히 '싹수가 노랗다.'고 한다. '자라나는 떡잎만 봐도 안다.'고 한다. 한 사원이 있었다. 매사에 자신이 부족하고 혼자 일을 하는 성격이었다.

신입사원은 무엇으로 성장하는가

그에게 다소 도전적 업무를 주어 뭔가 성과를 창출하는 기쁨을 던지고자 회사 전 팀장들을 대상으로 교육과정을 실시하라고 했다. 매년 해오던 교육이지만, 모든 팀장이기 때문에 회사 내에서의 기대도 높았다. 모든 교육이 중요하지만, 이 교육은 더 중요하고 잘해야만 하는 과정이었다. 다소 고민이 되어 팀 내 멘토도 지정해 주었다. 팀 내 다른 선배들은 그의 등을 쳐 주고, "잘해 봐, 어려움이 있으면 말해." 하며 격려를 해 주었다. 기획 단계에서 그는 그 누구에게도 이야기하지 않고 며칠을 출근하지 않았다. 핸드폰을 꺼 놓고. 어렵게 연결된 그와의 대화에서 그는 퇴사 처리해 달라고 한다. 일이 버거웠다고 한다.

주어진 기회를 살리지 못하였다. 선배들의 도움을 하나도 이끌어 내지 못하였다. 나아가 다른 업무로 매우 바쁜 타 팀원에게 자신의 업무를 넘겨주는 피해마저 입혔다. 채용단계와 초기 정착교육이 잘못된 것이다.

준비되어 있어야 한다.

신입사원이 "아닙니다. 내가 인재다."라고 자신 있게 말하기 위해서는 준비되어 있어야 한다. 물론 주위의 조직장과 선배들의 지원도 매우 중요하다. 더 중요한 것은 본인의 의지이다. 준비된 사람처럼 한 번 더 고민하고 고민해서 행동해야 한다.

1 나는 단 한 번도 신입사원이라 생각한 적이 없다

S급, A급 인재가 된다

인재전쟁시대라고도 한다.

한 사람의 특A급 인재를 영입하기 위해 마치 007작전을 방불케 하는 스카우트 경쟁을 한다. 그 사람이 지니고 있는 뛰어난 창조력, 획기적인 연구개발, 글로벌 의사결정능력, 네트워크가 기업 성과의 사활을 쥐고 있으니 당연할 수밖에 없다.

인재 중의 인재인 핵심인재에 대한 정의는 회사마다 다르다. 당연 사업 특성이 다르기 때문에 요구되어지는 기준도 다르다. 통상적으로 대체 비용이 많이 드는 인력, 탁월한 잠재능력을 가진 인재, 성과가 뛰어난 인재, 조직의 전략 추진 및 장기 성장에 기여하는 인재, 새로운 업무에 대응하는 인력을 핵심인재라고 이야기한다.

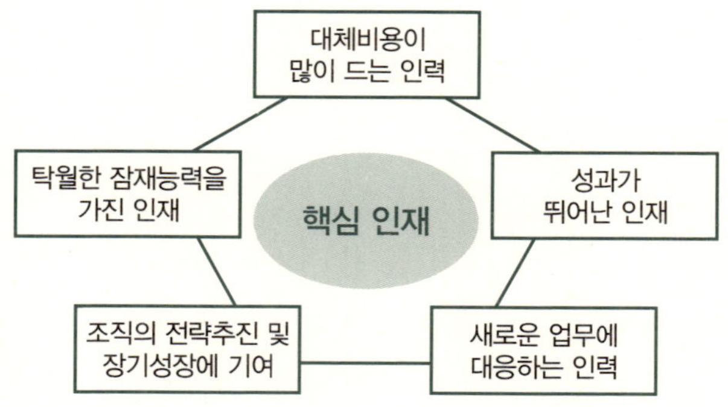

Jay B. Barney는 전략적 우위 요소로서의 미래의 핵심인력을 '새로운 틀을 만들어 낼 수 있는 사람, 특수 상황과 전략에 적합한 사람, 자기

신입사원은 무엇으로 성장하는가

고유의 역량을 보유한 사람.'이라고 정의했다.

목숨을 걸고 자신의 인생에 충실한 사람이 궁극적으로는 핵심인재
   이다.

삼성은 핵심인재를 크게 3가지로 구분하고 있다.

세계적 경쟁력을 갖춘 일류 기업에서 A급 평가와 특급 처우를 받고 있는 S급 인력. 전문지식, 기술수준 등은 S급에 미치지 못하나, 경영성과 창출에 핵심적 역할을 수행하는 A급 인력. 마지막으로 실무경험은 없으나 충분한 자질과 잠재력을 갖춘 H급 인재이다. 삼성은 이들에 대해서는 핵심인재 인센티브를 주고 있다. 담당 임원의 평가에 심한 경우 40%를 부여하여 철저하게 핵심인재와의 관계를 맺어 간다.

구분	정의
S급	· 세계적 경쟁력을 갖춘 일류기업에서 A급 평가와 특급처우를 받고 있는 인력 · 사장급 처우도 아깝지 않은 인력 · 회장이 관심 가질 정도의 비중 있는 인력 · 제작자의 경우 세계최고수준의 기술, 노하우, 전문지식을 보유하여 경영성과 창출에 결정적으로 기여하는 인물
A급	· 전문지식, 기술수준, 희소성 등에서 S급에 다소 미치지 못하나 경영성과 창출에 핵심적 역할을 담당할 수 있는 인력 · 사장이 책임지고 관리해야 할 정도의 비중있는 인력
H급	· 실무경험이 없으나 충분한 자질과 잠재력을 갖춰 향후 S급, A급 인력으로 성장이 기대되는 자 　－ 해외 핵심우수대 상위 5% 내 인력 　－ 국내 핵심대(서울대, 포항공대, KAIST)출신 중 전략학과 5위 내 인력(학사 포함) 　－ 국제 올림피아드 상위 입상자

1 나는 단 한 번도 신입사원이라 생각한 적이 없다

처음부터 H급 인재로 입사하여 A급, S급으로 성장할 수 있다.

대부분의 신입사원들은 H급 인재가 아니다. 그러나 이들이 A 또는 S급 인재가 될 수 없는 것은 아니다.

초등학교도 다녀 보지 못하고 대우 중공업에 사환으로 입사한 김규환. 그는 제안 2만4천6백12건, 국제 발명특허 62개를 가지고 있다. 훈장 2개, 대통령 표창 4번, 발명특허대상, 장영실상을 5번 받았고, 1992년 초정밀 가공분야 명장名匠으로 추대되었다. S급 인재 중에서도 초특급 S급 인재이다. 그의 성공 철학은 3가지이다.

부지런하면 굶어 죽지 않는다.
준비하는 자에게는 반드시 기회가 온다.
목숨 걸고 노력하면 안되는 것이 없다.

그는 저서 '어머니 저는 해냈어요.'를 통해 모든 일에 목숨을 걸고 하면 반드시 원하는 것을 성취할 수 있다고 한다. 하루 3시간 정도 잠을 자고 지금까지 700여 가지의 제품과 신기술을 개발했다. 목숨을 걸고 자신의 인생에 충실한 사람이 A, S급 인재이다.

2 : 언제까지 신입사원으로 머물 것인가?

신입사원 교육에서 배우다

신입사원 교육이 강한 조직문화의 원천이다.

삼성, LG, 현대자동차 공히 신입 공채사원에 대해서는 자체 연수원에서 입문교육을 짧게는 1주, 길게는 1개월 이상 실시한다.

삼성 신입사원 입문교육은 약 4주에 걸쳐 실시된다. 기간 중에는 2~3년 먼저 입사한 선배가 멘토가 되어 4주 합숙을 함께한다. 상담과 교육지원을 하며 신입사원들이 삼성인이 되도록 이끄는 역할을 한다.

삼성 입문교육의 목적은 다음과 같다.

1 나는 단 한 번도 신입사원이라 생각한 적이 없다

□ 직장인으로서 기본에 충실하고 국제적 감각을 갖춘 신입사원 양성

□ 적극적이고 자율적으로 문제 해결에 임하는 창의적인 신입사원 양성

□ 삼성인으로서 강한 조직적응력을 배양하고 SINGLE SAMSUNG의 일체감 형성

삼성에 입사한 사람들은 모두 삼성인이라고 한다. 전자인, 물산인, 생명인이 따로 없다. 하나의 삼성을 입문교육에서부터 확실하게 이끈다. 이 주역이 멘토인 지도선배제도이다. 지도선배의 선정은 매우 까다롭다. 우선 4주간의 입문교육 후 지도선배가 될 만한 사람을 20여 명의 팀원 중에 2~3명 정도로 추천한다. 추천받은 사람에 한해 2~3년이 지나 개인평가가 상위 30% 안에 있는 자만이 지도선배 자격이 있다. 지도선배로 선발되면, 1개월 이상 업무를 비워야 하지만, 조직장의 불만이 없다. 본인도 그 과정을 겪고 입사했고, 지도선배를 경험하는 것을 고생이며 영광이라고 생각한다. 신입사원 입문교육이 강한 조직의 문화를 이끄는 원천이 되고 있다.

몇 년 전, 국내 A금융회사를 컨설팅했다. 회사의 구성원 만족도 조사에서 과장 이상의 긍정 응답률과 대리 이하의 설문 결과가 판이하게 차이가 있었다. '회사의 우수인재에 대한 유지능력, 업계 대비 인적/조직적 경쟁력, 업무를 통한 역량 향상, 내 업무가 흥미롭고 도전적이다.' 라는 각 항목에 과장 이상에 비해 10% 이상 큰 차이를 보였다. 자연 이직 의사도 높음이 당연하다. 대리/사원의 업무 몰입도 조사에서도 업

신입사원은 무엇으로 성장하는가

무에 대한 몰입도는 35%, 충분한 성장기회를 회사가 부여한다는 50%
밖에 되지 않았다. 이 회사의 신입사원들에게 입문연수에 대한 인터뷰
를 한 결과, "교육을 통해 내가 최고 수준으로 육성된다는 느낌보다 신
입사원으로서의 통과 의례를 거친 듯한 느낌이 든다."고 한다. 용인에
위치한 삼성인력개발원의 기본교육 담당자가 들으면, 매우 충격적일
것이다.

(긍정응답률)

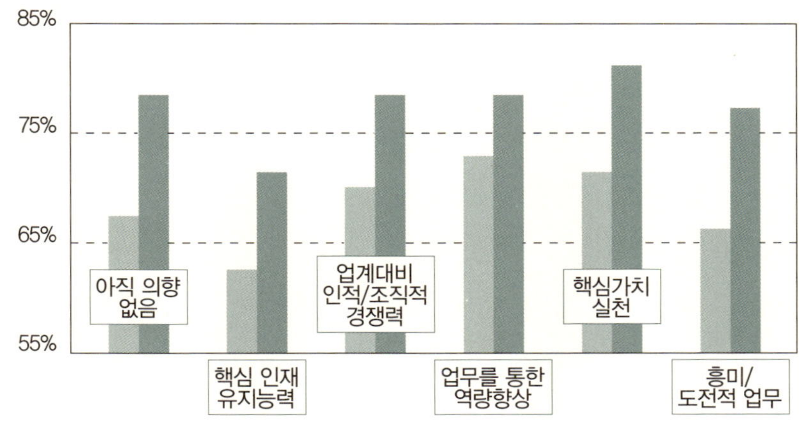

(긍정응답률)

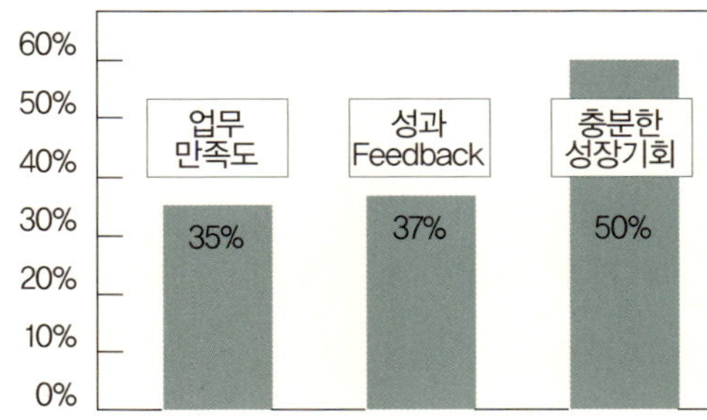

1 나는 단 한 번도 신입사원이라 생각한 적이 없다

그들은 신입사원이 이런 말을 하는 것을 상상도 하지 못한다. 오죽하면 삼성의 신입사원들은 입사가 확정되고 그룹 입문교육 들어갈 때, 대부분 고생을 각오한다. 삼성인이 되어 나온다고 한다.

삼성의 신입사원 교육을 담당하는 기본교육팀 담당자와 삼성의 각 관계사에서 선발된 지도선배들은 신입사원들이 삼성의 미래를 짊어질 경영자라고 생각한다. 4주의 교육기간 동안 신입사원들이 한 명의 삼성인이 되도록 이끈다. 하루 4시간 이내 잠을 자면서 신입사원의 글들과 그들의 요청사항을 꼼꼼히 챙겨 준다. 그들에게는 퇴소를 건의할 영향력이 있다. 삼성인으로서 해서는 안 될 도박이나 싸움을 하면 그들은 퇴소를 건의한다. 그러나 힘들어하는 신입사원이 있으면, 이야기를 듣고 조언을 한다. 누가 시킨 것이 아니다. 그렇게 하는 것을 당연하다고 생각한다.

결국은 사람이다.

회사를 지속적으로 성장, 발전시키는 원동력도 사람이고, CEO의 질문에 자신 있게 대답하는 이도 사람이며, 결국 차별화된 경쟁력의 원천도 사람이다.

글로벌 무한경쟁시대에 새로운 비즈니스를 창출하고, 전문성과 열정을 갖춘 핵심인재로 성장하도록 이끄는 것, 그리고 가치의 실천도 사람이 한다.

신입사원은 무엇으로 성장하는가

이 중요한 사람의 육성을 초일류기업은 신입사원부터 시작한다. 이 교육을 통해 회사의 역사와 전통을 배운다. 현재와 미래의 비전 및 전략을 이해한다. 경쟁과 화합의 팀워크 등을 자신의 것으로 하여 10년 후 자신의 모습을 설계하게 한다.

조기 전력화, 그 이상을 위해 나아간다

\# 제 몫 이상의 성과를 창출하게 한다.

신입사원에 대한 모든 최고경영층의 관심은 지대하다. 신입사원 채용면접에 한 번도 빠짐이 없이 참석하여 직접 선발을 하는 CEO도 많다. 해외 출장 시, 현지의 핵심인재를 채용하기 위해 자신의 식사시간과 면접 가능한 시간을 알려주는 CEO도 있다. 이렇게 어렵게 뽑은 신입사원이 입사하여 조기 전략화 되어 '제 몫 이상의 성과를 내는 것.'은 매우 중요하다.

이를 위해 각 기업들은 강한 조기전력화 프로그램을 운영한다.

D-1개월	D	D+5주	2주	6개월~1년	D+14개월
채용확정	입문연수	현업배치	현장근무/현업OJT	수료식	해외 사업장 방문

사전교육	입문연수	현장근무/멘토링	Wrap Up
Pre – Phase	Phase I	Phase II	Phase III
· 회사 이해 · 이공 :기초재무 · 인문 : 기초화공	· 핵심가치 이해 · Intensive한 교육운영 · 창의성 함양/주도적 참여	· 현장근무 및 멘토링 내실화 · GB 인증 및 직무/공통 역량 교육 시행	· 신입사원 수료식 · 해외 사업장 방문(상위 5%)

이러한 조기전력화 내용은 그 회사의 성격에 따라 많은 차이가 있다. 장기간 현장근무를 실시하는 회사도 있고, 어학/전산 등 기초에 충실한 기업도 있다. Mini MBA를 신입사원부터 운영하는 회사도 있다. 중요한 것은 회사가 신입사원을 어떻게 육성할 것인가 하는 철학이 있어야 한다는 것이다. 인재상을 중심으로 교육목표와 내용이 설계되어 있어야 한다. 신입사원에게 각자의 분야에서 10년 CDP경력개발계획를 설계하도록 제시된 상태에서 전력화 교육이 실행되어야 한다.

현장에서 배운 것을 자신의 것으로 한다.

관리부서로 입사한 김철수 씨는 회사가 운영하는 타 분야 현장근무 때, 영업기획실과 스피커 생산부서에서 각각 3개월을 근무하였다. 처음에는 스피커 생산부서에서 스피커가 생산되는 것이 신기했다. 라인의 여사원과 조장들에게 부품명과 기능을 소개받고, 생산라인에서 직접 전 공정을 실습하였다. 스피커 관련 서적을 읽고, 현장의 노하우가

신입사원은 무엇으로 성장하는가

적힌 매뉴얼을 전부 섭렵했다. 오죽하면 1년 전에 스피커 생산부서에 배치된 사원이 "너랑 나랑 비교하는 소리가 많으니 대충 하고 가라."고 하는 이야기를 들을 정도였다. 3개월 차에 김철수 씨는 스피커 공정에 대한 개선안을 보고서로 제출했다.

영업기획실 근무에서는 해외시장 개척과 관련한 업무에 관심을 가졌다. 해외 시장의 수출입 동향 및 거래처를 분석하였다. 김철수 씨는 스피커를 중심으로 중국 현지 공장 동향과 싱가포르의 거래처를 심도 있게 연구했다. 2개월 차에 선배와 함께 현지 공장으로 싱가포르 출장을 함께 갈 정도가 되었다. 선배의 노하우는 별도 경영노트를 만들어 꼼꼼히 정리했다. 현지 공장의 수준과 우리의 수준을 비교, 정리했고, 싱가포르의 시장규모 및 향후 전망에 대한 자료도 정리했다. 영업기획실에서 그가 3개월을 마치고 발표한 보고서는 스피커 시장의 전망과 중장기 전략이었다. 3개월이 지나자 영업기획실장은 그를 관리부서 근무가 아닌 영업기획실 배치로 할 것을 회사에 건의하게 되었다.

공장에서 6개월 현장근무를 담당하게 된 서정우 사원의 목표는 매일 10개 아이디어 제안과 3개의 현장개선 보고서 작성이었다. 회사의 현장근무의 목표는 현장 기계를 작동시킬 수 있는 것 및 평가 70점 이상이었다. 서정우 씨는 처음부터 자신 주변에서 일어나는 일들을 살피고 이를 제안으로 제출했다.

안전목표인시 1,000만 도전도 그의 제안 중에 하나이다. 당시 회사는 600만을 돌파한 적이 없었다. 그는 목표를 높게 하고 대신 보상을

1 나는 단 한 번도 신입사원이라 생각한 적이 없다

많이 주어 동기부여하며, 현장에 안전교육의 강화를 제안으로 했다. 6개월 동안 매일 10개의 아이디어를 작성하여 회사 시스템에 올린다고 생각해 봐라. 신입사원으로 쉽지 않은 일이다. 서정우 씨는 신입사원이기 때문에 가능하다고 한다. 그는 현장 사무실 환경 개선, 지방에 있는 공장의 특성을 감안한 엔지니어 육성방안, 생산기술직과 엔지니어 교류방안, 커뮤니케이션 활성화 방안 등 보고서를 작성하여 발표하고 6개월의 현장근무를 마쳤다.

조기전력화는 구성원을 육성하는 문화에서 비롯된다.

조기전력화 교육은 회사가 신입사원에게 기초를 마련해 주는 코스이다.

이 코스를 이수하기 보다는 그 기초를 바탕으로 성과를 창출해야 한다.

궁극적으로 신입사원들이 "내가 이 회사에 입사한 것이 축복이며 자랑스럽다."고 이야기해야 한다. 근무하면 할수록 성장되어 간다고 느껴야 한다. 나아가 내가 담당하는 업무를 통해 부단히 성과를 이루어 내는 자세가 문화로 정착되어야 한다. 이것이 조기전력화의 가장 바람직한 모습이다.

신입사원은 무엇으로 성장하는가

멘토 선배의 일성

자신이 맡은 일은 먼저 끝내라

부서에 배치받았다.

처음 원했던 부서는 영업전략이었으나, 배치된 곳은 인재개발팀이었다.

팀은 신임 과장 교육준비로 어수선하였다. 빈 책상에 나의 명패와 PC, 그리고 사무용품과 명함이 놓여 있었다. 축하한다는 팀원들의 글과 꽃 한 송이가 PC옆을 지키고 있었다. 입문교육을 담당했던 선배가 반갑게 맞이해 주었고, 팀장에게 인사했다. 팀 회의가 시작되고 1주일 동안 OJT 기간이 주어졌고, 멘토는 엄하기로 소문난 김 대리가 배정되었다. 김 대리는 A4용지 4장을 주면서 '3년 동안 무엇을 할 것인가?'를 적고 1년 동안 해야 할 육성계획서를 내일까지 작성하라고 했다.

3년 동안 이 팀에서 무엇을 할 것인가? 1년 동안 육성계획서는 어떻게 적으란 말인가? 한마디 조언도 없이 이렇게 시키기만 하면 되는가? 온갖 생각이 스쳐 지나갔다. OJT 교육이라며 오후부터 1시간 간격으로 선배들의 업무소개와 정신교육이 이어졌다. 업무를 마치고 환영식이 있었다. 폭탄주가 터지고 정신없이 마셨다. 2차 노래방에서 그동안 갈고 닦은 노래 실력도 뽐냈다. 어떻게 집에 들어왔는지 모를 정도로 많이 마셨고 즐거운 시간을 보냈다.

무거운 머리를 감싸며 서둘러 회사에 출근했다. 모든 선배들이 출근해 있었다. 가볍게 인사하고 앉자마자 김 대리가 찾는다. 3년 목표와 1년 동안의 육성계획서를 보며 이야기하잔다. 아니, 어제 오후 내내 교육하고 바로 환영식에 가서 간신히 집에 들어갔는데 언제 그것을 작성한단 말인가? "죄송합니다. 오후에 하면 안될까요?" 이 한마디에 김 대리의 호통은 시작되었다. 지금 정신이 있는 거냐? 왜 회사에 다니느냐? 정말 중요한 일이 무엇인지 모르느냐? 자신이 맡은 일을 다 하지 못하는 사람과 어떻게 일을 함께 할 수 있겠느냐? 질문 하나하나가 폐부를 찌르는 듯했다.

나는 신입사원이 아닙니다

신입사원이냐 아니냐는 시기가 아닌 일로 결정된다.

조직장의 경우, 90일 만에 조직을 장악하라고 한다.

조직에서 신입사원이 신입사원이라는 호칭을 떼는 시기는 어느 정도쯤일까?

대부분의 회사는 1년 정도의 신입사원 조기전력화 프로그램이 끝나는 시점이라고 한다. 경우에 따라서는 다음 신입사원을 맞이하는 시점으로 가져가기도 한다. 업무에 임하는 신입사원들을 보면 각양각색이다. 주어진 일을 내가 작성하는 것보다 깔끔하고 폭넓게 정리한 사원이 있다. 며칠이 지나도 보고가 없어 불러 보면 보고서인지 일기인지 구분이 안 되게 일을 망쳐 놓은 사원도 있다. 신입사원의 호칭을 떼느냐의 여부는 시기의 구분이 아니라 일을 얼마만큼 신뢰하며 맡길 수 있느냐에 있다.

팀에 5년 차 사원인 김철수 씨가 있다.

일류 학교 출신이며 자존심도 매우 강하였다. 자신이 수행하는 업무는 다 중요한 업무이며, 자신만이 처리해야 한다고 생각하고 있다. 그 누구에게 묻지도 않고 지원 요청이라고는 찾아볼 수 없다. 5년 차임에도 불구하고 아직 독자적으로 업무를 제안하여 분석하고 정리하여 자신만의 보고서를 작성하지 못한다. 중간보고를 문의하는 경우가 없기 때문에 팀장은 항상 불안하다. 일을 지시하고 2~3일만 지나면 어떤 상태냐고 묻는다. 초기에 큰 골격을 잡는 것부터 구체적인 목차구성을 일일이 점검해야 한다. 방향을 잡지 못하니까 중간점검이 없으면 업무가 어디로 가고 있는지 알 수 없다. 지금도 신입사원인 셈이다.

자신만이 담당하는 일을 꿰차야 한다.

업무의 담당자는 그 업무에 대해 그 사람이 아니면 남이 도움을 주기 어려울 정도의 수준까지 올라서야 한다. 내 업무에 관해서는 그 누군가가 이야기하더라도 자신 있게 이야기해야 한다. 변동급을 어느 정도 차등할 것인가에 대한 논의가 있었다. 역사가 오래되고 장치산업이며 노조의 영향력이 큰 제조업의 경우에는 보상의 차등화가 쉽지 않다. 입사 1년 차인 보상 담당자는 CEO와 사장단이 참석한 인사위원회에서 보상의 차등을 설명하게 되었다. 그는 '3년 안에 최고 평가와 최저 평가의 차등을 현재 4%에서 10%로 넓혀야 한다.'고 주장했다. 부사장 중의 한 분이 "우리 회사는 모두 뛰어난 인재이며, 최선을 다하고 있는데 왜 보상을 차별화해야 하느냐? 파이를 키워 모두에게 동일하게 주는 것이 보다 효과적이지 않느냐?"라고 질문했다. 잠시 침묵이 흘렀다. 1년 차 담당자는 타 회사와 비교하지 않았다. 두 사례를 이야기하며 원안을 통과시켰다. 하나는 개미 이야기이다. 모든 개미가 바쁘게 일하는 것처럼 보이지만, 사실 20% 이상의 개미는 바쁘게 움직일 뿐이다. 다른 하나는 공산주의 사회의 공동 작업에 따른 몰락에 대해 이야기했다. 그는 왜 10% 수준으로 넓혀야 하는가 혹은 다른 회사는 2배가 된다는 이야기를 끝까지 하지 않았다. 회사 경영층의 "이 회사는 타 회사와 다르다. 우리 회사는 다 함께 열심히 해야 성과가 오르는 회사이다."라는 인식에 일침을 가한 것이다. 그는 사장단 앞에서 자신의 주장을 굽히지 않았다. 당혹스러운 질문에 자연스럽게 핵심을 찌르는 답변을 함으로써 제안을 통과시켰다. 그는 이미 한 업무의 담당자인 셈이다.

신입사원은 무엇으로 성장하는가

"나는 신입사원이 아닌 이 업무의 담당자입니다."

　경영학을 전공한 신입사원을 화학공장에 배치하였다. 그는 첫날부터 기초 화학공학 책을 들고 용어를 이해하기 위해 밤을 지새운다. 제품이 생산되어 출하되기까지의 전 공정을 하나하나 묻고 공부하고 정리한다. 이해가 되지 않는 부분에 대해서는 엔지니어를 찾아다니며 끈질기게 묻는다. 1년이 지난 후 그는 경영학도가 아닌 화공학도로 우뚝 설 수 있게 되었다. 업무가 주어지면 그 업무의 처음부터 나아갈 방향을 머릿속에 꿰차고 있어야 한다. 이를 위해 큰 틀을 갖고 구체적으로 하나씩 정리하고 자신의 것으로 만들어 나가야 한다. 누가 알려주는 것이 아니라 스스로 문제를 도출하고 해결하기 위해 고민해야 한다. 그 결과, 과거 선배들이 이룩한 업무 이상에서 업무 성과가 창출되도록 해야 한다. 원점에서 시작하는 업무 담당자가 된다면, 그 업무의 성과는 개선되는 것이 아니라 정체되거나 하락하게 된다. 신입사원으로 배우는 사람이 아닌 업무 담당자로서 주장하는 사람이 되어야 한다.

3 : 나는 일을 잘하기 위해 이 회사에 왔다

왜 이 일을 할까? (목적 지향적 사고)

회사와 나는 무슨 관계일까?

결론적으로 계약관계이다. 회사는 나의 능력을 판단하여 노동을 산다고 계약했고, 나는 그 대가로 여러 보상 등의 혜택을 받는다.

좋은 회사에 입사하기 위해 많은 노력을 하지만, 일단 입사하게 되면 이 계약의 본질을 잊어버리는 경우가 많다.

회사는 나의 차별화된 경쟁력을 산 것이다.

내가 경쟁력이 없으면, 회사는 나를 영원히 보살펴 주지 않는다.

먼저 내 경쟁력을 바탕으로 회사에 성과를 창출해 줘야만 한다.

회사의 구성원이라면 먼 미래를 생각하여 회사의 사업을 더욱 강화하는 방안을 생각해야 한다.

그리고 철저하게 자신의 시간을 관리해 가며, 성과를 내기 위해 혼신의 힘을 다해야 한다.

회사는 나에게 무엇을 원할까?

삼성물산에는 '사업부 도산제도'가 있다. 한 사업부가 적자가 나면 도산시키는 제도이다. 어찌할 수 없는 환경 탓일 경우도 있을 것이다.

그러나 회사가 지속적인 성장을 하기 위해서는 이익이 있어야 한다.

적자가 난다는 것은 망하는 것이다. 삼성의 사업부 도산제도는 구성원이라면 이것까지도 예측하여 이익을 내라는 강한 메시지이다.

회사가 원하는 바는 성과이익를 창출하는 구성원이 되는 일이다.

이 일을 통해서 얻고자 하는 바가 무엇인가?

회사 성과를 창출하는 구성원이 되기 위한 첩경은 "왜 이 일을 해야 하는가?"에 대해 고민하며 일을 수행하는 사람이다. 이 일을 통해 얻고자 하는 바가 무엇인가? 이 일은 조직과 나에게 어떤 이익을 줄 수 있는가?를 먼저 고민하는 것이다. 일의 바람직한 모습과 추구하는 바를 분명히 알고 있다면 그 일의 성과는 당연히 높을 것이다. 나아가 방향이 분명하기 때문에 중간 중간에 다른 방안으로 할까 등의 갈등을 일으킴 없이 목표 지향적으로 매진할 수 있다.

목적지향인 사람에게는 다음과 같은 3가지 특징이 있다.

첫째로 가장 중시해야 할 일은 성과관리라고 생각한다. 병원의 의사가 갖추어야 할 목표는 병을 정확히 진단하고 빠르게 낫게 하여 병원의 수익을 올리는 것이다. 마음이 착한 의사도, 친절하지만 병을 낫게 하지 못하는 의사도 아니다. 주어진 업무의 달성을 위해 목표를 정하고 방안을 모색하며 함께하는 사람들에게 열정을 심어 주어 반드시 성과를 창출해야 한다.

둘째는 목표를 명확하게 이끄는 것이다

초등학교 운동회에 가면 빠지지 않는 경기가 있다. 100m 달리기이다.

저 멀리 도착을 알리는 흰 선이 있고, 출발점에서 출발 신호와 함께 힘차게 달려간다. 무조건 달려가기만 하면 1등부터 순위가 결정된다. 기업에서도 달리기를 하는데, 달리기의 룰이 다르다.

먼저, 저 멀리 보이는 흰 선이 없다. 어디로 달려야 하는가를 모르고 달리는 사람도 있고, 명확하게 설정해 놓고 달려가는 사람도 있고, 뒤로 열심히 달려가는 사람도 있다. 어디로 가야 할지 모르기 때문에 순위의 결과도 매우 큰 차이를 보이게 된다. 어느 순간이 지나면 제대로 달린 기업은 성장하지만, 뒤로 달리거나 좌충우돌한 기업은 영원히 경

신입사원은 무엇으로 성장하는가

쟁사의 이름에서 사라지게 된다. 물론 가장 중요한 것은 목표를 잘 정하는 것이다.

동일한 신입사원이지만 차별화의 근원이 바로 이 선견력에 있다. 선견력이란 발생할 가능성이 높은 미래의 어떤 상황을 설정하고 구체화해 나가는 힘이다. 현명한 신입사원은 이러한 선견력을 중심으로 조직이 보다 위험부담을 줄이고 기회를 선점하는 방향으로 업무를 추진한다.

어떤 이는 추진력을 이야기한다. 설정된 목표를 따라 최단 기일 내에 가장 효과적으로 큰 성과를 창출하며 모든 사람들을 한마음, 한 방향으로 이끌어 가는 능력이다. 목표가 명확하고 이를 달성하는 road map이 분명하다면, 이러한 추진력은 더욱 힘을 받을 것이다.

죽음의 포로수용소 4곳을 거치면서도 미래 희망의 끈을 놓지 않고, 자신의 연구를 위해 살아남은 유태인, 빅터 프랑클의 사례를 보면, 추진력도 목표를 달성하는 원동력으로 큰 역할을 함을 알 수 있다.

셋째는 제대로 일을 하는 사람이다.

누구나 일을 제대로 할 줄 안다. 순차적으로 공정에 따라 일을 원활하게 해나가는 것은 일을 제대로 하는 사람이다. 그러나 일의 효과와 성과를 생각하여 프로세스를 단축하고 새로운 방안을 창출해서 새로운 가치를 창출하기란 쉽지 않다. 제대로 일을 하는 사람만이 이렇게 할 수 있다.

1 나는 단 한 번도 신입사원이라 생각한 적이 없다

결과를 생각하며 과정을 그린다 (시스템적 사고)

보다 큰 성과를 낼 수 있는 결과를 먼저 고민해라.

일을 추진함에 있어 가장 답답할 때가 일의 결과를 생각할 수 없을 때이다. 대부분 주어진 일들은 기대하는 수준이 있다. 이 수준이 모호할 때는 당연히 일의 추진이 되지 않는다. 무수히 많은 토론만 오갈 뿐이다.

과정만을 생각한다면, 일이 어디로 가고 있는가 방향을 찾을 수 없다. 대부분의 신입사원들은 과거의 자료에서 문제를 해결하려고 한다. 주어진 지시를 문제로 생각하여 해결하려고만 한다. 해결을 생각하니 과거 어떻게 했는가에 집중하게 된다. 일의 결과를 덜 고민한 것이다.

어떤 결과를 도출하느냐에 따라 과정은 종속될 수밖에 없다.

조직문화를 활성화하라는 지시를 받았다. 조직문화가 무엇이며 이를 통해 얻고자 하는 바가 무엇인가, 조직문화가 활성화되면 무엇이 좋아지는가를 생각해야 한다. 이것이 분명해져야 한다. 한 사람은 조직문화 활성화가 안되는 원인을 파악하여 3개의 과제를 도출했다. 우리 회사는 커뮤니케이션이 안되고 있다. 불필요한 문서 작업이 많다. 부서 이기주의가 심하다. 그러므로 이를 개선해야 한다고 주장한다. 다른 사람은 조직 활성화를 통해 얻고자 하는 바를 3가지 고민했다. 우리 회사 구성원이 회사에 근무하는 것을 자랑스럽다고 생각하도록 만

신입사원은 무엇으로 성장하는가

들어 간다. 선배에 의한 후배 육성을 하도록 한다. 근무하면 할수록 정체되지 않고 성장하도록 만든다.

두 사람이 동일한 지시에 결과의 모습을 다르게 도출했기에 일의 과정뿐 아니라 성과에도 커다란 차이가 있을 수밖에 없다.

보다 큰 성과를 낼 수 있는 결과를 먼저 심도 있게 고민해야 한다.

업무를 프로세스별로 짧게 구분한다.

결과를 생각하며 과정을 체계적으로 만들어 가기 위해서는 업무를 시스템적으로 잘게 구분할 줄 알아야 한다.

환경과 구성원의 생각을 분석하고, 그 속에서 과제를 도출해야 한다.

각각의 대안들에 대해 평가의 기준을 설정하여 최적의 안을 선정해야 한다. 마지막으로 최적안이 당초 생각했던 얻고자 하는 결과를 창출하는 가장 효과적인 방안인가 지속적으로 의문을 던져야 한다.

일의 과정이 머릿속에 그려져 있지 않으면 결과에 도달할 수 없다.

전략적 의사결정을 이끌 수 있는 기법 한두 개는 실습하여 자신의 분석틀로서 내재화시켜야 한다.

1 나는 단 한 번도 신입사원이라 생각한 적이 없다

얻고자 하는 것과 영역을 구분하다 (합리적 사고)

\# 조직장이 보는 눈은 대부분 비슷하다.

일을 합리적으로 수행하는 사람들은 어떤 특성을 보일까?
직장생활 10년 차인 과장들은 다음 10가지를 강조했다.

1. 의사결정에 필요한 사전조사와 자료수집 등을 충분히 준비하고, 관련자와 공유한다.
2. 제안자의 논지를 이해한 후, 최적 의사결정에 필수적인 요소를 먼저 파악한다.
3. 다양한 의견을 비판 없이 경청하고, 명확한 자료에 근거하여 의사결정을 한다.
4. 결정을 위한 토론 시 제안된 의견은 수용, 배제, 참고의견으로 구분하여 관리한다.
5. 의사결정을 신속, 정확하게 실시하고 주관성을 배제한다.
6. 피드백을 강조한다.
7. 의사결정의 타이밍을 고려한다.
8. 결론에 따른 의사결정의 실적 등 효과 분석을 한다.
9. 비합리적 규정, 관행은 지속적으로 개선한다.

신입사원은 무엇으로 성장하는가

10. 추진 시 중간보고, 이상여부에 대해서는 조직장에게 신속 정
확히 보고하고 실행한다.

조직장의 보는 눈은 거의 비슷하다.

팀 내 누가 일을 잘하는 담당자이며, 누가 힘든 담당자인가. 옆 팀의 조직장도 바라보는 시각이 동일하다. 어쩌면 그 회사의 인재를 보는 기준이 비슷하여 유사한 결론에 도달할 수도 있다. 더 큰 이유는 업무를 하면서 담당자가 어떻게 일을 처리하는가를 유심히 관찰한 결과이다.

일을 합리적으로 처리하는 데에는 4가지 특성이 있다.

첫째는 사전 준비의 철저함이다.

사전 준비가 철저하면 의사결정에 필요한 이슈에 대한 명확한 인식은 물론 자료수집이 완벽하다. 더 중요한 것은 이를 사전에 관련자와 공유한다는 점이다.

둘째는 일을 처리함에 있어 신속하고 정확하다는 점이다.

자신의 주장을 내세우기보다 경청하며 의견을 잘 조율하여 모두가 업무의 참석자가 되게 한다. 결론을 고려하여 의사결정을 논리적이며 무리 없이 이끌어 간다. 일의 결정에 무리가 없도록 명확한 자료를 제

59

시한다. 무엇보다도 일의 프로세스에 따라 하나하나 순차적으로 결정
되도록 정리해 나간다는 점이다.

셋째는 의사결정 사항에 대한 공유와 실천이다.
의사결정이 완료된 후에는 결정 사항에 대해 관련자와 공유하여 그
결과를 명확히 한다. 추진 계획과 담당자를 정해 일의 추진 경과를 명
확히 한다.

마지막으로 보고이다.
일을 잘하는 사람은 평소에 스스럼없이 들어와 편하게 자신의 일을
이야기해 준다. 물론 일의 진행에 무리가 생기면, 신속하고 정확하게
진행 상황을 선보고한다.

과거에 머물지 않다 (창의적 사고)

과거의 벽을 뛰어넘어야 한다.

신임 대리 교육이었다. 국내 두 번째 가라면 서러울 정도로 뛰어난
신입사원들이 입사하여 4년을 보내고 대리가 되어 교육을 받는다. 당

신입사원은 무엇으로 성장하는가

연 두 눈이 빛나고 뭔가 열정에 불타오를 줄 알았다. 대리가 되었으니 목표 수준도 높게 설정했으리라 믿었다. 회사가 처음 인정해 주는 자리인 만큼 기대하는 바가 많을 것이라 생각했다.

강의 내용 가운데에 세상이 변하고 있고, 그 변화의 소용돌이 속에서 기업의 평균 수명은 1935년의 90년에서 2005년엔 15년에 이르고 있다는 점을 세계적 컨설팅 기업인 맥켄지에서 이야기하고 있다고 강조했다. 여러분의 수명은 90세까지 갈 것이다. 여러분은 무엇을 하고 싶냐고 물었다. 대답이 없다. 마치 사장님이 주재하는 경영 회의에 아무도 의견을 말하지 않는 분위기와 흡사하다. 침묵이 흐른다. 이미 회사의 기존사원이 되어 버린 탓인가? 한 사람을 지명했다. 그는 일의 전문가가 되겠다고 한다. 어떻게? 그는 일을 하다 보면 자연 되는 것이 아닙니까? 반문한다. 일을 하다 보면 과장도 되고 부장도 되고 팀장도 될 수 있을 것이다. 이런 정신으로는 절대 전문가가 되지 못한다. 모두가 바뀌는데 과거의 안정 속에서 살고 있는 셈이다. 깨어나지 못하고 있는 것이다.

김치헌이라는 후배가 있다. 이제 입사한 지 1년 밖에 되지 않은 신입사원이다. 입사 축하 식사를 하면서 "네가 이 회사에서 크고 싶으면 네가 이루고자 하는 바를 이미 이룬 사람들을 만나 봐라."라고 한마디 했다. 김치헌 씨는 바로 탐색에 들어갔다. 일단 그가 하고 있는 일은 재무본부의 일이고 본부에서 가장 높은 자리에 계신 본부장님을 떠올렸다. 이제 갓 입사한 신입사원이 감히 본부장님을 독대한다는 건 일반적으

1 나는 단 한 번도 신입사원이라 생각한 적이 없다

로 생각을 할 수 없는 일이라고 생각하면서도, 못할 게 뭐가 있냐는 생각을 했단다.

바로 다음 날 공손하게 본부장님께 연락을 드려 약속을 잡은 뒤, 그 다음 날 본부장님을 만났다. 의외라고 생각하실 줄 알았던 예상은 빗나가고 인자한 동네 할아버지 같은 인상으로 반갑게 맞아 주셨다고 한다. 평소에 궁금하던 것들을 여쭤 보며 앞으로 회사생활을 어떻게 할 것인지, 행복이란 무엇인지에 대한 담소를 1시간가량 나누었다. 이때 기억에 남는 한마디가 있었다고 한다.

"항상 너 자신을 먼저 생각해라. 네가 비록 회사에 소속되어 있지만 네가 행복하고 즐거워야 회사도 좋아질 수가 있다. 자신의 행복을 위해 최선을 다하면 자연히 회사 생활도 즐거워지고 행복해질 것이다."

과거에 머무는 사원은 주어진 일에 만족할 뿐이다.

과거에 머무는 사원은 벽을 넘지 못하고, 알에서 깨어나지 못한다. 신입사원이면 신입사원답게 행동해야 한다고 생각한다. 신입사원답다는 것이 선배와 상사의 말에 무조건 순종하는 것이 아니다. 때로는 무모하리만큼 엉뚱한 도전을 하고, 특유의 패기와 열정으로 밀고 나가는 모습이 신입사원다운 모습이다. 지금의 신입사원들은 회사에 대해 너무 많은 지식이 있어서인지 입사와 동시에 기존사원화되어 있다. 기존사원과 같이 자신을 내세우지 못하고 업무의 담당자가 되어 있고,

신입사원은 무엇으로 성장하는가

회사의 구성원으로 남의 누가 되지 않게 행동한다. 회사가 신입사원을 뽑은 이유가 사라진 셈이다. 기존 사원이 만들어 온 문화를 바꾸고, 뭔가 새로운 방법을 찾기 위해 신입사원을 채용하는 것이 아닌가?

어떤 공장에 한 신입사원이 회자되고 있다. 선박이 정박하기 위해서는 9m의 수심이 필요한데, 인근 바다의 수심은 이에 미치지 못해 항상 소형 선박으로 물건을 가져올 수밖에 없었다. 회사의 비용은 차치하더라도 물건을 옮기는 작업은 보통 일이 아니었다. 그러나 30여 년 동안이 일을 계속해왔기 때문에 누구나 당연한 일로 생각하고 있었다. 금년 입사한 신입사원이 "왜 이렇게 힘들게 일하느냐?"고 물으니 누구나 "수심이 얕아 이렇게 할 수밖에 없다."고 했다. 신입사원은 수심을 재는 추를 들고 바다 이곳저곳을 재 보았다. 현재의 건물에서 50여 미터를 더 가니 수심이 90m가 넘었다. 신입사원은 정박 위치를 그곳으로 옮기고 사무실도 옮기자고 제안했다. 그 누구도 사무실과 정박 위치가 정해져 있기 때문에 다른 방법을 찾으려 하지 않았던 것이다.

\# 1년 안에 자신이 하는 일의 30%를 개선해라.

면접을 하다 보면 최근 입사하는 신입사원들의 놀라운 발표력과 엄청난 Spec에 놀라게 된다. 해외 어학연수는 기본이며, 학생회 간부에 사회 봉사활동 그리고 각종 자격증은 대단하다. 면접관들은 "우리가 다시 입사원서를 내고 면접한다면 다 떨어진다."고 농담한다. 이렇게 우수한 신입사원들이 과거의 틀과 제도와 문화 속에 동화되거나 머무는 것은 슬픈 일이다. 항상 자신이 하는 일에 의문을 던지며, 1년 안에 자신이 하는 일의 30%는 개선하거나 개혁한다는 생각에 가득 차 있어야 한다.

창의적 사고는 한순간에 나오지 않는다. 부단히 자신보다 더 높고 쉽게 하는 전문가를 만나 이야기를 들어야 한다. 책을 통해 지식과 지혜를 얻고 의문과 고민을 습관화해야 한다. 멋진 신입사원은 술 마시고 머리에 띠 두르고 춤 잘 추는 젊은이가 아니다. 기존 업무에 의문을 던지며 뭔가 개선하기 위해 선배들을 귀찮게 따라다니며 질문하는 사람이다. 손에서 책이 떨어지지 않고 모르는 부분을 밑줄 쳐 가며 묻는 사람이다. 대학 졸업 후 교수님을 한 번도 찾아뵙지 않는 사람이 아니다. 교수님의 새로운 지식을 하나라도 자신의 것으로 하기 위해 인연의 끈을 더 조이는 사람이다.

신입사원은 무엇으로 성장하는가

1 나는 단 한 번도 신입사원이라 생각한 적이 없다

2

10년을
설계하다

1 : 리더의 마음을 가지다

나는 행복한 사람

\# 자신을 더욱 아름답게 하라.

'거울의 마력'이란 이야기를 들어 보신 적이 있는가?

매일 거울을 보면서 무엇을 하는가?

얼굴이나 머리를 가다듬거나, 비틀어진 것을 바로 하지는 않는가?

거울을 보면서 보통 사람과는 다른 행동을 하는 사람이 있다.

자신의 목표를 크게 외치거나,

자신의 신념이나 가치를 매일 확신하고

더욱 내재화시키며, 강화해 나가는 사람이 있다.

거울의 마력이 바로 이것이다.

매일 거울을 보면서 자신을 더욱 아름답고 강하게 하는 마력이다.

나는 행복한 사람인가?

여러분은 소중한 것의 우선순위를 갖고 있는가?

그 예로는 가족, 재산, 직장, 취미, 종교 등이 거론된다.

그런데 어느 순간 내가 없다.

40대 직장인에게 "당신의 꿈이 무엇이냐?"고 물어본다면 어떤 대답이 나올까?

만약 당신이 40대이고, 누군가 당신에게 "꿈이 뭐냐?"고 묻는다면 무엇이라고 대답하겠는가?

"이 사람아, 싱겁게. 됐다."하며 회피하는가? 아니면 "내 꿈은 내 인생 전체를 통해 60가지 해보고 싶은 일을 해 보는 것이네."하며 자랑스럽게 이야기하는가?

대부분의 사람들은 "내 자식이 좋은 대학 나와 좋은 직장에 들어가고, 좋은 사람 만나 결혼할 때까지 지원해 주는 것."이라고 한다.

내 꿈이 아닌 자식의 꿈을 대신 행하는 존재가 되어 버렸다.

자식 이야기는 날이 바뀌어도 할 수 있는데, 자신의 이야기는 1시간도 못 하는 것이 현실이다.

나는 행복한 사람이라는 확신이 소중하다.

내가 존재하는 이유를 내가 모르면서 무엇을 할 수 있을까?

거울을 보며, "길동아, 너는 정말 멋있어. 자~ 오늘도 파이팅!"하며 웃으며 출근하는 사람이 더 아름다워 보이지 않을까? 특히, 매일 만나는 나의 상사가 항상 긍정적이고 밝은 모습을 갖고, 인격적으로 존경하고 싶은 사람이라면 생각만 해도 기쁠 것 같다.

어떻게 하면 내가 행복한 사람, 아니 행복한 직장인이 될 수 있을까?

첫째, 내가 살아가는 이유가 분명할 때 행복해질 수 있다.

토요일 초등학교 5학년 학부모 수업에 초청되어 1시간 수업을 한 적이 있다.

집중이 안되어 이야기를 많이 준비했지만, 무용지물이었다.

바로 A4 종이 한 장씩을 나눠 주고, "미래 무엇이 되어 무엇을 할 것인가?"에 대해 글짓기를 하라고 했다.

20분이 지난 후 한 학생이 쓴 글은 '나는 사회에 봉사하는 사람이 되겠다. 이를 위해 의사가 되어 40살까지는 열심히 돈을 벌고, 50살까지 아프리카에 가서 봉사하고, 다시 돌아와 60살까지 다시 돈을 벌어 나머지 인생은 내가 하고 싶은 것을 하겠다. 이를 위해 지금 나는 영어 공부를 한다.'였다. 초등학교 5학년의 글이다. 부모님이 이렇게 하라고 내재화시켰을 수도 있을 것이다. 하지만, 이 학생은 행복한 사람이라고 생각한다. 내가 해야 할 것이 있고, 그것을 위해 지금 노력하고 있으니까.

신입사원은 무엇으로 성장하는가

둘째, 긍정적 신념을 갖고 배려하는 자세로 오늘을 살아가는 사람이다.

가장 공부 잘하는 학생의 특징이 무엇일까? 선생님의 말을 경청하고 눈을 마주치며, 필기하고, 질문하는 학생, 더 나아가 예습과 복습을 철저히 하는 학생일까? 대부분 이렇게 생각하는데, 긍정적인 신념을 가진 학생이 가장 공부 잘하는 학생이라고 생각한다. 고등학생이 되면, 밤 1시까지 공부한다. 긍정적인 마인드가 없으면 견디기 힘들다.

직장인도 마찬가지이다. 인격적으로 갖춘 사람, 배울 점이 많고, 사람을 진정 사랑하고 있다고 느껴지는 긍정적인 사람에게 더욱 끌린다.

"감사하면 감사하는 일이 생기고, 불평하면 더욱 불평하는 일이 생기는 법이다."

회사를 위해 무엇을 할 것인가?

경쟁력 있는 사람이 되어야 한다.

2010년 시작부터 대기업인 KT는 5,992명이라는 대규모 인력을 퇴직시켰다. 30%에 가까운 본사 인력이 현장으로 부서를 옮겼다. 유선 사업이 해가 갈수록 매출과 이익이 떨어지기 때문에 어쩔 수 없는 결정이었다고 한다. 물론 본인이 퇴직을 원해 회사가 부여한 명예퇴직금을 받고 결정한 사람도 있을 것이다. 그러나 대부분은 좀 더 회사를 다니고 싶은데 반반의 심정으로 퇴직했을 것이다. 부서를 옮긴 사람도 동일한 심정일 것이다.

공기업을 중심으로 Draft 바람이 일고 있다.

상급자가 자신과 함께 일할 사람을 선발하는 제도이다. 표현은 그럴듯하지만, 내부 시장에 나와 경쟁력이 없으면 아무도 선발하지 않는다. 마지막까지 선발되지 않는 사람은 결국 퇴출이다. 아무도 함께 일하고 싶지 않은 사람이다.

왜 이렇게 내가 더 있기를 원하는데 퇴직을 해야만 하고, 이 부서에 더 있고 싶은데 원치 않는 다른 부서로 자리를 옮기고 심지어 모두가 나와 함께 일하기를 꺼려하겠는가?

회사를 위해 무엇을 할 것인가?

팀장이라는 조직장으로 있다가 팀원으로 보직이 바뀐 몇 명을 만나 보았다.

이들이 가장 힘들어하는 것이 무엇이겠는가?

충격이었다. 이들은 회사를 위해 내가 무엇을 해야겠다는 생각이 적다. 내가 20여 년 회사를 위해 희생했는데, 왜 나를? 나아가 이제 1~2년 쉬는 것을 회사가 인정해 줘야 한다는 마음이 있다. 비전이 없다. 미래 내가 무엇을 해야 할 것인가 생각도 없고 불가능하다고 판단하고 있다.

신입사원은 무엇으로 성장하는가

사람을 만나는 것이 싫다고 한다. 출근도 다른 사람이 출근하지 않는 조금 늦은 시간에 한다. 혼자 있게 되면 중식도 굶는다. 혼자 초라한 모습으로 사원식당에 내려가기 싫기 때문이란다. 그러면서도 회사가 나에게 부합하는 일을 주면 열심히 하겠다고 한다. 이미 마음이 회사로부터 떠나 있는데 회사를 위해 무엇을 할 것인가?

먼저 회사를 사랑하는 사람이 되어야 한다. 가정을 생각해 보자. 내가 단순히 태어났기 때문에 가족의 구성원이 되는 것은 아니다. 내가 부모님, 형제자매를 사랑하기 때문에 가정이 행복해질 수 있고 내가 행복하다. 집에 무슨 일이 있으면 최우선으로 뛰어간다. 함께 고민하고 뭔가 해결하기 위해 노력한다. 부모님께서 힘들어하실 때, 도움을 드리지 못하면 함께 힘들어한다. 이미 하나가 되어 있는 것이다. 내가 회사를 사랑하고 회사의 구성원으로서 내 역할을 해야 한다. 회사를 사랑하지 않고 불만을 토로하면서 어떻게 내가 열심히 하겠다는 이야기를 할 수 있겠는가?

둘째는 내 일을 즐기며 일을 통해 성과를 창출하는 사람이 되어야 한다. 회사와 나는 일을 통해 상호 주고받는 관계이다. 내가 큰 성과를 냈을 때 회사는 큰 보상으로 응답한다. 내가 한 가정을 이끌어 갈 수 있는 원동력을 회사가 담당해 준다. 삼성 초기에 고 이병철 회장께서는 직원들에게 밤낮없이 일하게 했다고 한다. 그들이 극도의 힘듦 속에서도 기뻐할 수 있었던 것은 내 수고에 대한 큰 보상, 회장의 믿음 그리고 일을 통해 뭔가 이룩되어 가는 성취감이었다. 내 일이 사소하고 하찮은 일이라고 해도 그 일을 즐기며 최고가 되겠다고 노력해야 한다.

일이 없다고 업무시간에 바둑을 두고, 잠을 자거나, 불필요한 책을 보는 것이 옳은가? 어떤 직원에게 인사과 대기발령을 내고 연필을 칼로 깎게 하였다. 처음에 분노와 절망감이 있었을 것이다. 하지만 이 친구는 연필을 가장 잘 깎는 방법을 고민했고, 결국 지나가는 모든 직원들이 깎인 연필을 보고 감탄을 했다. 하나의 예술이었던 것이다. 이 친구가 새로운 직무를 얻는 것은 당연하다.

셋째는 해내고야 말겠다는 의지이다.

오정구 사원의 이야기이다. 나는 보통 때와 마찬가지로 여수공항에서 마지막 서울행 비행기를 기다리고 있었다. 그 때 비행시간 10여 분을 남기고 달려오는 오정구 씨.

항상 깔끔하고 정리된 그의 모습은 간 곳이 없고, 다소 피곤한 모습은 물론이요 며칠을 입었는지 직장인의 옷이라곤 찾아 볼 수가 없는 수준이었다. "정구 씨, 웬일이야? 많이 힘들어 보인다."는 인사말에 "팀장님, 한 고비 넘겼습니다. 저의 거래처가 PP Polypropylene 장난감 등을 만드는 데 흔히 쓰이는 단단한 플라스틱제품이 없어 공장 가동이 중단될 뻔했는데, 지난 4일 동안 거의 잠 못 자고 차로 원료를 날라 간신히 위기를 넘겼습니다."라고 기뻐한다. 2008년 6월 화물연대의 파업으로 여수도 공장

신입사원은 무엇으로 성장하는가

에서 여수로 나가는 4개의 도로가 전부 차단되어 PP제품이 출하되지 못하게 되었다. 영업을 담당하는 오정구 씨는 월요일 새벽에 여수에 내려와 4일 동안 잠을 못 자고 승용차로 심지어 폐기물 처리 차량으로 제품을 날라 담당하는 기업들이 정상 가동할 수 있도록 조치하였다.

가장 큰 고객 회사의 구매부장이 내려왔는데, 그분에게 식사도 대접 못하고 자장면으로 대신했다며 미안해한다. 폭풍이 와 한 치 앞이 안 보이는 상황. 거리마다 화물연대 조합원이 지나가는 차량을 일일이 검사하고 통과시키는데 잘못 걸리면 자칫 위험한 상황에 빠질 수 있는 순간이었다. 거래처인 중소기업을 살리기 위해 위험을 감수해 가며 4일씩이나 온종일 작업을 한 것이다. 급히 내려와 속옷도 없어 편의점에서 사 입고, 잠을 못 자 피곤이 극에 달했을 텐데도, 시화공단의 고객 회사를 걱정한다.

회사를 위해 그 무엇인가를 하는 것은 결국 자신을 위해 하는 것이다.

회사를 사랑하는 사람, 자신의 일을 즐기며 성취를 내는 사람, 뭔가 해내고야 말겠다는 사람은 결코 퇴직을 두려워하지 않는다. 새로운 가치를 창출하기 때문에 비록 신입사원이라 하더라도 항상 고민하고 뭔가를 하기 위해 움직인다. 그들은 스펀지와 같아 온갖 물들을 흡수한다. 마르지 않는 샘물과 같은 존재인 셈이다.

중요하다고 생각한 것은 꼭 이룬다

하루에 해야 할 중요한 일 6가지를 정한다.

아침에 출근해서 당일 해야 할 사항들을 쭉 점검한다.
통상적으로 10가지 이상의 일들이 있다.
일을 잘하는 사람들은 중요한 일과 긴급한 일, 그리고 시간대별로 나누어 언제 해야 할 일인가 고민하고 실천해 나간다. 오늘 내가 꼭 해야 할 일을 설정해 놓고 이 일에만 매진한다. 우리가 흔히 쓰는 말 중에 '선택과 집중'을 잘한다.

무엇을 선택하고 어떻게 할 것인가에 따라 미래가 바뀐다.

두 명의 나무꾼이 있었다.
하루 종일 일을 하는데, 한 나무꾼은 도끼를 바꾸고 쉬어 가며 천천히 나무를 자른다. 다른 한 사람은 하나의 도끼로 죽어라고 쉬지도 않고 나무를 자른다.
결국 해가 질 무렵, 누가 더 많은 나무를 잘랐을까?

은행 고객관리의 목적은 무엇일까?
"모든 고객은 소중하니까 전원을 동일하게 사랑하라."고 강조했다면, 이 은행의 미래는 어떻게 되었을까?

은행을 방문하는 고객이 번호표를 뽑게 하는 것이 1단계이고, 보다 중요한 고객은 VIP 룸으로 모신다. 그러나 그 은행의 30% 성과를 좌우하는 단 1명의 고객에게는 어떻게 할까? "모든 고객을 사랑하라, 그러나 큰 성과를 주는 고객은 더 사랑하라."이지 않을까.

정한 것은 반드시 이루는 악착같은 습관을 가져라.

중요하다고 생각하는 것을 선택하는 것이 일 잘하는 사람이 해야 할 기본적 생각이다. 이러한 선택의 기준은 기업의 성과와 핵심역량에 있다.

뛰어나게 성과를 올리는 사람들의 특성을 연구하다 보면, 공통된 점이 있다.

이 공통된 특성을 정리한 것이 바로 핵심역량이다.

이 핵심역량에 집중해야 하며, 이러한 집중은 성과와 연계되어야 한다.

일을 잘하는 사람은 이러한 역량을 갖고 성과를 내기 위해 선택된 일을 꼭 이루는 악착같은 습관을 가진 사람이다.

조직장이 힘들어하는 것이 무엇일까?

삼성의 고 이병철 회장께서는 매일 자신이 할 일을 메모하고 마친 일은 지워 나갔다고 한다. 마치지 않은 일은 주말에 다시 점검하고, 월

말에 점검하여 결국은 실행이 되도록 했다고 한다. 조직장은 자신이 지시한 사항을 대부분 기억한다. 중요하다고 생각하기 때문에 지시했는데 일이 추진되어 보고되지 않는다면 어떤 심정일까? 본인이 사원으로 있을 때, 다 해본 일이고 잘했던 일이다. 그래서 많은 조직장들은 '그냥 내가 해버려?'라는 충동에 빠진다고 한다. 조직장이 좋아하는 직원은 자신이 내린 지시에 대해, 신속하고 정확하게 처리하여 보고해 주는 사람이다. 중요하다고 지시가 내려왔다면 현재 자신이 하고 있는 것을 조금 뒤로 하고 빨리 처리해 주어야 한다.

A씨에게 중요한 일을 요청했다. 요청할 당시에는 약 1개월의 여유가 있었다.

2주 정도 지나 현재 진행 상태가 어떠냐고 물어봤다. "아~그거요. 제가 급한 일이 있어 아직 시작하지 않았습니다. 이 일 끝내고 바로 시작하겠습니다." 대답은 시원했으나, 불안했다. "그것 중요한 일입니다. 내일 어떻게 할 것인가 A씨가 생각하는 목차를 갖고 저와 이야기합시다." 다음 날 오후까지 말이 없다. 결국 회의실에 마주 앉아 나의 첫마디는 무엇이었겠는가?

#"이 일은 제가 반드시 큰 성과를 창출하겠습니다."

신입사원 교육을 담당하는 권혜미 씨는 5주의 기간을 신입사원과 합숙하면서 한 명, 한 명 관찰한다. 5주의 프로그램을 기획하기 위해 그

신입사원은 무엇으로 성장하는가

녀는 국내 굴지의 대기업 연수원을 다 벤치마킹했다. 신입사원의 감동을 이끄는 프로그램을 구상했고, 이를 잘 전달할 강사를 섭외했다. 처음 자기소개도 밋밋하지 않고 회사의 가치에 부합하도록 소개 방식을 개발했다. 쉬는 시간도 가장 편하게 쉴 수 있도록 배려했다. 교육 전날, 교육장에 교재와 필기구를 정리하는 그녀의 모습을 보며 큰 자극을 받았다. 동일한 위치에 세팅된 건 물론이고, 필기구에 적힌 글씨가 모두 위로 올라오도록 하나하나에 정성을 기울인다. "그거 아무렇게나 놓으면 어때."라고 할 수도 있다. 차이는 그 과정에 쏟는 담당자의 마음이다.

5주가 끝난 후 신입사원들은 모두 권혜미 씨에게 감사의 편지를 건네며 눈물을 흘린다.

밤잠도 제대로 자지 못하고 신입사원 전원에게 조언을 써 준다. 일과시간엔 한 명, 한 명에게 안부를 묻는다. 아파하는 신입사원이 있을 때 본인이 아픈 듯 병원으로 데려가 걱정과 기도를 해 준다. 강사에게는 이것만큼은 꼭 전해 달라며 수많은 요청을 한다. 이미 다 했던 사항인데 강조를 하고 있는 것이다.

그녀는 이제 입사한 지 1년밖에 되지 않았다. 그녀 역시 신입사원이었다.

책임을 진다

한 분의 경영자가 계셨다.

영업본부장을 6년간 하시고 인재개발본부장으로 자리를 옮겼다.

인재개발본부장으로서 구매/법무/인사라는 어떻게 보면 한 지붕 세 가족과 같은 업무를 총괄하였다. 그는 먼저 조직의 원칙과 전략을 새롭게 설정했다. 세 가족이 한 방향, 한 마음이 되도록 '드림보드' 라는 젊은 사원이 언제든지 자유롭게 의견을 개진하는 제도를 만들어 운영했다. 10개 팀과 돌아가며 영화를 보고 식사를 함께 했다. 팀장 회의를 운영하여 전 팀에서 무슨 업무를 하는가를 서로 공유하게 했다. 1년이 지난 후 한 지붕 세 가족은 이미 세 가족이 아니었다. 한 가족이 되어 일할 맛 나는 분위기가 창출되었다.

9월 어느 날이었다. 영업본부에 부정사례가 발생했다. 이 부정은 오랜 기간 동안 조금씩 조금씩 쌓여 회사에 큰 손실을 주게 된 사건이었다. 담당자와 팀장이 징계위원회에 회부되었고, 결국 중징계를 받게 되었다. 이 사건은 이렇게 마무리되는 듯싶었다. 인재개발본부장은 회장과 독대를 하였다. "내가 영업본부장으로 있을 때 생긴 일입니다. 이것은 나의 부주의에서 시작되었고, 내 책임입니다." 영업본부장을 떠난 지 2년 가까이 되는 시점이었다. 회장의 만류에도 불구하고 결국 고

신입사원은 무엇으로 성장하는가

문으로 자리를 옮겼다. 이 하나의 사례가 회자되어 이 회사는 '경영자
가 책임을 진다'는 믿음을 심어 주게 되었다.

회사 연구기밀이 중국에 유출되어 큰 물의를 일으키는 사건이 발생
하였다.

황당한 일이며 대책을 마련한다고 하지만, 방법이 없기는 마찬가지
였다. 책임자를 문책해야 한다는 등 이 일과 무관한 사람들은 책임론
을 운운한다.

"이것이 왜 내 책임이냐? 회사의 보안시스템이 허술해서 그렇지.",
"아니 왜 그런 사람을 채용해서 이런 문제를 일으키냐? 무슨 핵심인
재, 완전 도둑을 뽑았잖아?", "현업에서 사람관리를 잘못한 탓이다."
등등의 이야기가 오간다.

이런 이야기를 사원들이 듣는다면 과연 이 회사에 근무하고 싶겠는가?

죄송합니다. 제가 책임지겠습니다.

"죄송합니다. 제가 이런 실수를 하여 현재 일이 이렇게 잘못되었습
니다. 제가 책임지겠습니다." 새벽 2시, 입사한 지 6개월 되는 김은영
씨의 전화에 눈을 떴다. 무슨 일인가 보니 입력을 잘못하여 수당이 전
부 잘못 통보되었다. 아직 지급은 되지 않았으나, 130명의 급여를 수정
하고 양해를 구해야 하는 일이었다. 급히 출근하여 수정을 하였다. 아
침에 상사에게 보고하고 회사 공문게시판을 통해 사실을 공지하고 사

죄했다. 급여 2일 전이기 때문에 본 사람은 많지 않을 것이다. 그러나 단 한 명이라도 봤다면, 신뢰에 문제가 생기는 일이었다. 새벽 2시까지 작업을 하고 잘못됨을 발견한 후 전화하기까지 김은영 씨의 마음은 어떠했을까? 책임을 진다는 것은 일의 결과에 대한 책임도 있지만, 더 이상의 피해를 막기 위해 최선을 다하는 책임도 있다.

퇴직이 책임의 전부가 아니다.

최근 신입사원들은 상사로부터 꾸중을 듣게 되면 풀이 많이 죽어 있거나 극단적인 행동을 취하는 경우를 종종 본다. "에이, 퇴직해 버릴 거야."하는 말을 듣게 된다. 자신의 일에 대한 애착이 적다. 그 일을 그만두게 되면 누군가는 그 일을 해야 한다는 것을 생각하지 못하는 듯하다. 나만 그만두면 그만이지, 남까지 내가 왜 생각해야 하냐는 식이다. 남겨진 일을 해야 하는 그 누구는 기분이 좋겠는가? 자신의 일도 벅찬데, 더 일을 맡아야 하는 동료도 힘들지만, 일을 배분하는 조직장의 마음도 무거운 것은 동일하다. 퇴직이 책임의 전부가 아니다. 일이 되게 하고, 그 일을 통해 성과가 나도록 만드는 것이 진정한 책임을 지는 것 아닐까?

신입사원은 무엇으로 성장하는가

2 : 10년 후 회사는 이렇게 변한다

업의 개념이 무엇인가?

사업의 개념이 왜 중요한가?

삼성 이건희 회장은 "임직원들이 사업의 본질을 모르고 경영을 한다."며 전 관계사에 업의 개념을 정립하라는 지시를 내렸다. 당시 호텔신라의 업의 본질은 부동산업이었다. 사업의 본질을 본다는 것은 사업의 기본적 속성을 꿰뚫고 있는 것이다. 이는 사업의 기본 철학과 비전이 무엇인가를 알지 못하고는 불가능한 일이다. 마쓰시다 전기의 창업주 마쓰시다 고노스케는 사원들에게 "인사부서는 무엇을 하는 곳이냐?"고 물었다. 대부분의 사원들은 "사람을 채용하여 교육하고 평가하며 보상하고 퇴직을 지원해 주는 곳."이라고 했다. 말 그대로 인사부서가 하는 일에 대해 나열한 것이다. 그는 '인사부서는 인재를 생산하는 곳.'이라고 정의했다. 기업은 사회에 공헌하고 기여하기 위해 제품과 서비스를 제공하는 곳이다. 기업의 본질이 생산에 있다면 인사부서에서 생산하는 것은 다름 아닌 인재라고 그는 생각한 것이다.

모터사이클은 과거 운송 수단이었다. 그러나 자동차의 등장으로 운송수단으로써의 가치는 급격하게 하락하였다. 세계 최대의 모터사이클 회사인 혼다는 미국시장에서의 모터사이클의 업의 개념을 전환하였다. 운송수단이 아닌 레크리에이션 수단으로 본 것이다. 이러한 사업의 본질을 꿰뚫는 순간 혼다의 경쟁력은 지속될 수밖에 없었다.

삼성 에스원을 생각해 보자. 이 회사를 경비업으로 보느냐, 사회 안전업으로 보느냐, 사회 시스템업으로 보느냐에 따라 존재감, 비전과 전략에 큰 차이가 생긴다. 경비업으로 본다면 당연 경비를 담당하는 사람에 치중하게 된다. 건강하고 회사에 로열티가 강하며 품성이 좋은 사람이 선발의 기준이 된다. 사회 안전업으로 보면 안전을 위한 사람과 장비의 경쟁력에 치중하게 된다. 그러나 사회 시스템업이라 하면 먼저 고객의 범위가 넓어진다. 시스템 전반으로 사업의 범위가 넓어질 수밖에 없다. 회사의 구성원도 경비가 아닌 시스템 담당자로 질적 수준이 전환된다. 신입사원이 업의 본질을 이해하고 있음은 자신이 하고 있는 업무가 회사에 어떤 기여를 하고 있다는 점을 안다는 것이다. 알고 일하는 사람과 방향을 모르지만 지금까지 했으니까 그대로 답습하

신입사원은 무엇으로 성장하는가

는 사람과의 차이는 글로 표현할 수 없다.

업의 개념은 어떻게 정립하는가?

사업의 본질을 꿰뚫는 것은 비전 사업의 본질 중장기 전략의 틀에서 살펴보아야 한다. 여러 가지 고려 요인이 있다.

1)사업의 기원은 무엇인가?

2)사업의 기본 철학은 무엇인가?

3)사업의 영역은 어디에서 어디까지인가?

4)우리의 기술 수준과 핵심기술은?

5)우리의 고객과 시장은 누구이며 어느 수준에 있는가?

6)정부 및 경쟁사는 어떤 전략을 펼치고 있으며 어느 수준에 있는가?

7)사업을 유지하는 핵심자원은 무엇이며, 경쟁사에 비해 경쟁력
   의 수준은?

8)어느 과정을 거쳐 부가가치가 나오며 핵심 프로세스는 무엇인가?

9)어떤 제품과 서비스를 팔고 경쟁력은 무엇인가?

등을 파악하여 사업의 본질을 규명하고 중점 관리 포인트를 결정한다.

업의 개념의 실천은 개혁이다.

삼성의 이건희 회장을 생각한다.

이건희 회장은 자동차 산업의 본질을 인간의 생명과 관련된 안전 산업, 대규모 투자를 요하는 장치 산업, 2만여 개 부품을 필요로 하는 기술 집약적 전자 산업, 그리고 막대한 개발비와 소비자의 Needs가 중요시되는 디자인 사업으로 보았다. 대단한 통찰력이다. 신입사원이 사업의 본질을 꿰뚫기는 쉽지 않다. 특히 그 분야를 대학부터 공부한 사람이라면 산업의 핵심기술과 프로세스에 더 깊이 빠져 있다. 새로운 패러다임을 가져가기 어렵다. 뭔가 강력한 자극을 받아야 한다.

혼다가 자동차를 개발하는 데는 20%의 가격절감을 가져가지 않았다. 세계에서 가장 좋은 차를 현 가격의 50% 이하의 수준에서 만들어야 경쟁력이 있다고 했다.

20% 절감은 개선을 통해 달성할 수 있다. 그러나 50% 이상의 절감은 개선이 아닌 개혁을 해야 한다. 업의 본질은 지속적인 개선이 아니라 한순간에 전체를 뒤집는 개혁의 차원에서 이루어져야 한다.

신입사원은 무엇으로 성장하는가

전략? 재무? 네가 무엇을 알아?

왜 그 업무를 원하느냐?

평소 전략이나 재무 업무를 하고 싶었다.

회사의 배치 면담이 있는 날이다. 인사팀에서 3곳의 직무와 근무지를 쓰라고 한다. 1지망 전략서울, 2지망 재무서울, 3지망 경리서울로 적어 냈다.

담당 선배는 전략, 재무는 지금 자리가 없으니, 배치 면담 때에는 다른 곳을 지망하면 어떠냐는 의견을 주었다. 다른 곳은 가고 싶지 않았고 그래서 수정하지 않은 상태에서 면담을 시작하였다. 인사팀장과 기획 팀에 근무하는 분이 여러 질문을 하였다. "왜 전략과 재무를 원하느냐? 현재 팀 인원이 다른 곳으로 가지 않는 이상 더 이상의 충원은 곤란하다. 다른 부서를 생각한 곳은 없느냐?" 등의 질문이었다. 다른 곳은 없고 전략/기획과 재무 업무를 하고 싶다고 했다. 나의 끈질긴 주장에 인사팀장이 질문을 던졌다.

"홍길동 씨, 전략팀과 재무팀에서 무슨 업무를 하고 있는지, 그리고 그 일을 당신이 잘할 수 있는지를 보여 주세요."

나는 인사팀장의 질문에 말문이 막혔다. 중장기 전략을 세우고, 사

업을 분석하여 신규 사업과 기존 사업의 나아갈 방향을 결정하는 업무
라고 이야기하자, 생산계획에 대해 질문한다. 아무 대답도 할 수 없었다.
영업의 추이와 향후 전망에 대한 질문, 연구개발의 진행 현황, 인력의
수준 등의 질문에도 아무 대답을 할 수 없었다. 재무 분야도 내가 생각
한 업무와는 차이가 많았다. 사실 경영학을 전공한 나는 좀 더 장기적
이며 전체를 보는 업무를 하고 싶었던 것이었다. 전체를 본다는 것은
전체를 어느 정도 알거나, 부분을 아는 사람들을 이끌고 전체를 이끌
수 있는 역량이 있을 때 가능한 것이었다. 전략팀이나 재무팀은 현장
에서 최소 3년 이상 경험을 하고서야 경험할 수 있는 부서라는 이야기
가 이어졌다. 결국 사업부 기획팀으로 배치되었다.

너가 전략을 알아?

사업부 기획팀에서 하는 업무는 사업부의 중장기 전략을 수립하고,
사업부 생산 제품별 경쟁 분석을 하는 업무였다. 우선 제품분석 업무
가 주어졌다. 제품 하나씩 어떻게 생산이 되는가, 즉 공정에 대한 공부
를 하라고 한다. 공정은 복잡했고 무엇보다 용어가 익숙하지 않았다.
'내가 왜 이런 공부를 해야 되는가? 이것은 엔지니어나 하면 되지.'라
는 생각에 글자가 눈에 들어오지 않았다. 생산 판매회의에 참석하였
다. 영업 추이 분석과 시장에서의 우리 제품에 대한 소비자의 선호 등
이 보고되었다. 현재와 향후 1년간의 영업계획이 결정되고 이에 따라

신입사원은 무엇으로 성장하는가

제품별 생산계획의 조정이 들어갔다. 회의는 무려 5시간 넘게 소요되었다. 무슨 이야기를 하는지 이해하기 쉽지 않았고, 무엇보다 내가 생각하는 전략의 개념이라고는 찾아볼 수도 없었다. 그렇지 않아도 제품 공부도 싫증이 났고, 무엇보다 제품 분석이라는 직무는 마음에 차지 않았다. 팀의 고참인 이 과장을 찾아가 언제부터 전략 업무를 하느냐고 물었다. 그러자 네가 전략을 아냐고 되묻는다. 지금 내가 하고 있는 일이 전략이란다.

시장을 분석하고, 제품별 생산 계획을 세우고, 그 가운데 최적화를 이루어 성과를 창출하는 것이 전략이란다. 회사의 중장기 방향과 과제를 도출하는 일만이 전략이 아니라고 한다.

실력이 뒷받침되는 꿈을 키워야 한다.

나는 하늘만 동경한 것이 아닌가?

요즘 입사하는 신입사원의 대부분은 전략팀이나 기획팀에서 근무하고 싶다고 한다. 이공계 전공자마저 생산이나 기술 현장의 엔지니어보다는 생산기획팀, 생산전략팀을 선호한다. 물론 지역적인 문제도 있다. 제조업의 상당수는 현장이 지방에 있기 때문에 내려가기 싫은 것이다. 그러나 현장을 모르면 큰일을 도모할 수가 없다. 생산 제품의 프로세스에 능통해야 한다. 생산 장비 및 현장에서 일어날 수 있는 생산 계획에 차질을 줄 수 있는 요인들을 알지 못하고는 큰 그림을 그릴 수 없다.

하루아침에 명작이 탄생할 수 없지 않은가. 밑에서부터 차근히 쌓아 올려야 한다.

꿈을 크게 갖는 일은 무엇보다 중요하다. 그러나 실력이 뒷받침되어 있는 도전 가능한 꿈을 키워야 한다. 남들이 좋다고 하니까, 왠지 전략이나 기획하면 있어 보이기에 가고 싶어서는 곤란하지 않는가.

인사전략을 담당하는 직원은 채용, 평가, 보상, 이동, 승진, 교육, 노사 중에 2~3분야는 전문가이다. 다른 경험하지 못한 분야는 업무를 하면서 간접적으로 익혀 전략이라는 업무를 수행하게 된다. 중장기 인력 운영계획을 가져가기 위해서는 회사의 사업의 향방, 사업부의 현재와 미래 구조, 인력 경쟁력과 구성, 인력의 역량, 현재 인력으로 될 수 없는 직무의 내용과 채용 시기 등을 종합적으로 분석하여 계획을 세워야 한다. 신입사원에게 당장 맡길 수 있는 업무는 아니지 않는가. 한 분야를 빠른 기간 내 습득하고, 남들보다 일찍 다른 업무로 옮겨 새로운 업무에 도전하는 직원이 뛰어난 직원이다.

신입사원은 무엇으로 성장하는가

이 방법으로는 나의 경쟁력은 없습니다

나는 정체되지 않고 성장하고 있는가?

나는 성장하고 있는가?

신입사원 입문교육 당시 김건중 사장께서 던진 8가지 질문이다.

10년 후 나의 모습은?

나만이 갖고 있는 차별화된 경쟁력은?

내 나이 또래의 선진국/직장/사람은 지금 무엇을 하고 있는가?

나를 어떻게 앞서게 할 것인가에 대한 전략이 있는가?

회사의 비전과 나의 비전이 어느 정도 일치하는가?

내 분야에 대한 최고의 전문성을 갖고 있는가?

나는 오늘 나의 하루가 최선이라고 생각하는가?

효율적이고 생산적인 경영시스템이 운영되고 있는가?

처음 이 질문을 받았을 때는 솔직히 한 번도 질문에 대해 생각한 적
이 없었다.

10년 후의 나의 모습은 무엇일까? 이제 신입사원 교육을 받는 사람
에게 10년 후에 과장이 되는지 임원이 되는지 왜 10년을 생각해야 하
는가 큰 의미가 없었다고나 할까. 나만의 차별화된 경쟁력을 갖추라

고? 그것이 무엇을 뜻하는지 모르겠고, 무엇보다 나만의 차별화된 경쟁력이 있을까? 하는 의구심도 들었다.

3년이 지난 어느 날 동기들과의 만남을 가졌다. 학창시절에는 뭐가 될까 궁금하기만 했던 친구가 공기업에 입사하여 전략 담당을 한다고 한다. 또 한 친구는 프로젝트의 책임자가 되어 미국/유럽 출장을 다니느라 정신없다고 한다. 한 친구는 그 동안 준비한 행시에 합격하여 교육을 마치고 어디에 배치 받아 사무관으로서 국가를 위한 일에 힘이 들더라도 보람이 있다고 한다. 나는 아직 팀에서 막내 소리나 듣고, 해외 출장은 고사하고 국내 출장도 나 혼자 가지 못하며, 국가를 위해 일한다고? 한심하기만 했다. 기가 죽을 수 없어 우리 회사는 이렇게 좋은 회사이며 선배들도 이렇게 훌륭하다고 했지만, 마음 한 구석이 허전했다.

10년 후 나는 무엇이 될 것인가? 나의 비전과 경쟁력은 무엇일까? 내 분야에서 최고의 전문성을 인정받는 날은 언제이며 어느 수준일까? 아니, 나는 오늘 하루 최선을 다하고 있는가? 수없이 많은 생각이 머리를 스친다. 3년 전에 고민했다면, 오늘 이 자리에서 이런 초라함은 없었을 것이라고 후회도 해 본다.

가만 돌아본다. 나는 성장하고 있는가를, 성장하기 위해 무슨 노력을 했는가를.

지나온 3년 동안 하나도 이룩함이 없이 세월을 죽여 왔다면, 앞으로 내가 정체되지 않고 성장할 수 있다고 어떻게 이야기하겠는가?

신입사원은 무엇으로 성장하는가

과거가 아닌 미래를 지향하며 현재를 이야기하라.

술을 마시며 내 행동에 무엇이 잘못인가를 생각해 본다.

첫째, 내 사고는 매우 과거 지향적이었음을 느낀다. '~했다면 ~했을 텐데.'가 아닌 '~을 위하여 ~을 하자.'로 바꾸어야 함을 결심했다.

둘째, 지금까지의 방법으로는 경쟁력을 갖지 못함을 느꼈다. 누가 나의 경쟁력을 올려주지 않는다. 내가 스스로 경쟁력을 쌓아야 한다. 나아가 "우리는 정글에서 살아남아야지 온실의 화초가 되어서는 안됩니다. 지금과 같은 회사의 제도와 분위기 속에서는 여기 있는 모든 구성원과 나 자신은 경쟁력은 고사하고 모두 죽게 됩니다."라고 외치도록 목표와 노력이 없었음을 반성했다. 3년이라는 시간이라면 내 업무에 대해 체계를 구축하여 구체적인 설명을 할 수 있어야 한다. 외부의 교수와 전문가와 네트워크를 구축하여 이론적 깊이와 실제 현장에서의 차이를 논할 수 있어야 한다. 그리고 이 분야와 관련해서 적어도 국내 저널이나 잡지에 기고를 해야 한다. 그 동안 나는 무엇을 해 왔던가?

셋째, 일을 했으면 그 일을 통해 성과를 창출했어야 한다. 분명 일에 바빴다. 돌아보면 누군가가 해야 할 일이었지만, 그 일을 내가 했어야 했는가에 대해서 자유롭지 못했다. 아니, 내가 아닌 계약직 사원에게 부탁할 일을 해 왔다.

일은 바빴지만, 보람을 느끼지 못하고 무엇보다 이 일이 나의 일이라는 개념을 갖지 못하였다. 내 수준 이상의 일에 도전하여 해야 한다. 일이 주어지기를 기다리는 것이 아니라 내가 제안하고 설득하여 일다운 일을 해야 한다. 이러한 일을 통해 인정받고 평가받아야 비로소 일의 성과도 창출됨을 느꼈다.

넷째, 시간 관리다. 주어진 일이 없으면 특별히 새로운 일에 매달리기보다는 선배의 눈을 피해 바쁜 척했지 않았던가? 나는 무슨 행동을 하고 있었던가? 만약 내가 최고 경영자였다면 이렇게 시간을 낭비할 수 있었겠는가?

10년 후를 다시 생각한다.

나는 정체되지 않고 성장하고 있다고 확신해야 한다. 10년 후에는 이 회사에서 내가 없으면 담당 업무가 돌아가지 않아, 팀장이 나의 부재를 두려워해야 한다. 지금까지의 방식이 나를 화초처럼 키운 방식이었다면, 이제는 정글에서 살아남아 후배들에게 이렇게 하는 것이 경쟁력을 키우는 방법이라고 자랑스럽게 이야기해야 한다. 동기들과 만나더라도 그들이 먼저 "신문에서 너를 봤는데, 너 정말 대단하다."며 인정하게 만들어야 한다. 10년 후의 내 인생은 내가 이끌어 감에 따라 결

신입사원은 무엇으로 성장하는가

정된다. 그 10년 후는 분명히 온다. 그날 다시 오늘을 후회하면 곤란하지 않겠는가?

10년 후 우리 회사가 이렇게 될 수 있습니까?

지금이 아닌 10년 후 후배에게 무엇을 물려줄 것인가?

베이비붐 시대에 태어난 분들이 퇴직 정년에 있다고 한다. 가만 살펴보면 이분들은 행복한 직장생활을 하였다. 그 이전의 선배님들은 6·25 사변 이후 아무것도 없던 이 땅에 '무에서 유를 창출'했다. '밤을 낮 삼아 일했다.'는 말도 이분들에게는 과하지 않다. 먹고살기 위해서, 가족들에게만큼은 나의 가난과 서러움을 남겨 주지 않으려 일만 생각했다. 이분들의 생각 속에는 제1순위가 직장이었다. 몇 개월을 집에 들어가지 못하고도 견디어 냈다. 그 어렵다던 중동 진출에 나가려고 아우성이었고, 힘들게 번 돈을 국내에 있는 자녀 교육에 희생했다. 베이비붐 시대에 태어난 분들은 이분들의 희생 뒤에 직장 생활을 하였다. 물론 어릴 때에는 하루 두 끼에 만족했던 분들이다. 학생 때에는 1년 내내 단벌 신사였고, 학교에서 중식은 옥수수 빵과 우유를 무료로 받아먹었다. 집에 오면 항상 해야 할 일이 있었다. 학원과 과외는 생각도 못한 세대이다.

이들은 직장에서 성장의 토대를 구축했다. 타자기를 치다가 처음 나온 N5200 PC로 LAN Word, LAN Plan을 치며 좋아했던 세대이다. 중장기 전략을 중심으로 선진국과의 Gap을 좁히기 위해 발버둥 쳤던 세대이다. 1990년 이후 PC를 자유롭게 다루는 신입사원들이 들어오고, 다양한 정보가 쏟아져 들어왔다. 후배들의 지원과 성장 단계였기 때문에 자연스럽게 20년 이상 고위직에 오를 수 있었던 세대였다. 임금 수준도 어느 날 선진국이라 불리던 영국을 제치고 풍요로움을 누리게 되었다. 이 분들은 "지금 입사하는 여러분에게 회사는 변함없이 높은 급여와 복리후생을 줄 수 있었으면 좋겠다."고 이야기한다.

10년 후 우리 회사가 이렇게 되어야 합니다.

입사 후 회사의 비전은 '세계 No. 1이 되자'였다. 궁금한 것이 한둘이 아니었다. 세계 No. 1이라니. 무엇으로 1위를 하자는 이야기인가? 세계 1위는 언제 되겠다는 것인가? 1위를 하면 우리 회사, 나는 어떻게 좋아지나? 알 수 있는 방법이 없었다. 김치헌 씨는 너무나 궁금했다. 팀의 선배는 "치헌 씨, 비전은 비전일 뿐이야. 너무 깊게 생각하지 마" 하며 무시한다. 술자리에서 조심스럽게 팀장에게 물어봤다. 깊게 생각해 보진 않았지만 의미 있는 질문이라며 넘어간다.

전략실을 찾아갔다. 중장기 전략에 포함되어 있지만, 대외비밀이기

신입사원은 무엇으로 성장하는가

때문에 보여줄 수 없단다. 회사의 비전과 전략이 내부 구성원에게도 보안이며 아는 사람이 없었다. 삼성전자에 입사한 친구의 이야기를 떠올린다.

"우리 회사의 경쟁 상대는 지금 소니도 파나소닉도 아니다. 물론 애플도 아니다. 우리의 경쟁상대는 각 제품별 세계 1위 회사이며, 이미 세계 1위인 제품은 우리 자신이 경쟁자이다. 우리는 경쟁 우위를 갖기 위해 1위 기업과의 차이가 무엇이며, 이를 따라잡거나 유지하기 위해 어떤 전략을 어떻게 가져가야 하는가를 매 분기 점검하고 평가한다."

무서운 이야기였다. 10년 후 두 회사의 미래가 어떻게 될 것인가 그려졌다. 우리 회사도 삼성처럼 회사의 비전과 전략을 구성원들이 명확하게 인식해야 한다.

아니, 인식한 것을 실행하기 위해 로드맵을 만들고 기간을 정해 실천하고 점검해야 한다. 10년 후 회사가 가야 할 바람직한 모습을 누군가는 그리며 이를 공유하며 실천해 나가야 했다.

#"회장님, 이 일은 본부장이 앞장서서 해야만 합니다."

회사의 핵심인재제도를 구축하라는 지시를 받았다. 김치헌 씨는 회사의 비전과 전략도 모르는 차에, 비중 높은 업무를 지시받아 무척 당혹스러웠다. 이미 핵심인재를 선발하여 유지·관리하고 있는 여러 회사를 벤치마킹하였다. 또한 회사의 경영층과 구성원을 인터뷰한 결과 '우리 회사에 맞는 우리만의 핵심인재제도'를 가져가야 함을 느꼈다. 먼저 큰 틀을 설계했다.

1)10년 후 우리 회사는 어떤 모습으로 가야 할 것인가?

2)이러한 모습으로 가기 위해 10년 후 사업구조는 어떻게 변화될까?

3)사업구조의 변화를 이끌 핵심 직무와 역량은 무엇인가?

4)이러한 직무와 역량을 이끌 인재는 현재의 인력으로 가능한가?
　아니면 외부에서 충원해야 하는가?

5)충원을 한다면 언제 어느 직무, 어느 역량을 가진 사람을 몇 명
　채용해야 하는가?

이러한 틀을 구축하고, 다음은 이 작업을 누가 할 것인가 고민했다. 해당 사업의 본부장이 직접 작성하고 발표해야 할 일이라고 생각했다.

팀장과 부문장을 설득하였다. 본부장이 직접 발표해야 한다는 주장에 곤욕스럽다는 말이 오갔다. "부문장님, 회장님께 본부장이 해야 함을 강조해 주시고 의사결정 받아 주세요."라고 강하게 요청하고 회장실에 동행했다. 설명이 끝나고 회장께서 "누가 발표할 것이냐?"를 물

신입사원은 무엇으로 성장하는가

었다. "회장님, 이 일은 본부장이 앞장서서 해야만 합니다. 실무 팀장의 발표에 누가 귀를 기울이며 누가 따르겠습니까?", "자네, 누구인가?" 갑작스런 회장님의 질문에 당황하면서도 당당하게 대답했다. "예, 신입사원 김치헌입니다.", "신입사원이 당차구먼." 하는 한마디에 '그래, 10년 후 회사는 이렇게 만들어져 가는 거야.' 하는 생각과 함께 그동안의 피로가 가시는 느낌을 받았다.

3 : 비전을 세우다

3분 안에 나의 비전을 말하다

이 회사에 근무하는 것이 자랑스럽습니다.

제가 할 역할은 우리 회사 구성원들이 '내가 이 회사에 근무하는 것이 자랑스럽습니다.'라고 이야기하도록 만드는 데 있습니다.

길가에서 우연히 만난 한 어르신이 "당신의 꿈이 무엇이냐?"는 질문에 당신은 자신 있게 자신의 꿈을 이야기해 줄 수 있겠는가? 오랜만에 만난 동기와의 술자리에서 "너의 비전이 무엇이냐?"는 질문을 받으면 어떤 기분이 들까.

조직문화팀에 배치받은 김기철 사원은 질문이 많기로 유명하다. 팀

신입사원은 무엇으로 성장하는가

에 배치되자마자 "조직개발팀은 무엇을 하는 곳입니까?", "다른 팀은 팀의 비전과 가치가 있는데, 우리 팀의 비전과 가치는 무엇입니까?", "왜 우리가 이런 업무를 해야 합니까? 우리는 좀 더 고부가가치 업무를 해야 하지 않나요?" 누가 보면 경영층이 직원에게 하는 질문을 하다 보니 팀 내에서는 어느 순간 왕따가 되어 갔다. 김기철 사원이 32층에 업무가 있어 방문하고 엘리베이터를 타고 내려올 때의 일이다. 32층에 근무하는 본부장께서 김기철 씨와 함께 타게 되었다. "조직문화팀 김기철입니다."라는 인사가 끝나기 무섭게 "김기철 씨의 역할은 무엇인가요? 라는 질문을 받았다. 아마 대부분의 임직원이라면 무척 당혹스러웠을 것이다. 김기철 사원은 "예, 본부장님. 우리 임직원들이 이 회사에 근무하는 것이 자랑스럽다고 이야기하도록 만드는 것이 제 역할입니다."라고 대답했다. 질문이 이어졌다. "어떻게 만들지요?" 잠시의 틈도 없이 김기철 사원이 대답했다. "3가지 방안을 생각하고 있습니다. 첫째는 우리 회사의 핵심가치를 내재화하고 실천하게 하는 방법입니다. 둘째는 단위 조직의 문제점을 해결하도록 지원하는 것입니다. 셋째는 커뮤니케이션을 활성화하는 것입니다." 엘리베이터는 1층에서 멈추고 김기철 사원은 본부장의 칭찬을 들으며 사무실을 향했다.

3분 안에 이야기할 비전을 항상 간직하라.

김기철 사원의 비전은 '50세가 되기 전에 1,000명 이상이 모인 장소에서 강의하는 것'이다. 지금은 비록 교육계획을 수립하고 대상자를 모아 진행하고 있지만, 그의 비전은 명강사이다. 그것도 1,000명이 모인 강당에서 본인의 주제로 강의를 하는 것이다. 그의 비전은 한순간에 이루어지지 않았다. 항상 자신의 가장 바람직한 모습을 생각해 왔다. 외부 강사를 모실 때마다 그들의 성공 비결을 지켜보며 연습했다. 강의 주제와 그와 관련된 자료들을 하나둘 모았다. 자신만의 창의성으로 교안을 작성했다. 중간 중간에 유머도 포함시켰다. 협회와 관련 전문가와의 네트워크 강화에도 부단한 관심과 노력을 경주했다. 그는 항상 언젠가 자신의 비전이 달성될 것이라는 확신을 갖고 있다.

원칙과 기준을 설정하다

원칙과 기준은 사고와 행동의 기준이 된다.

피터 드러커는 경영자가 할 일을 "미래에 의미 있는 결과를 가져올 기회에 자원을 배치하고 노력하는 것"이라고 했다. 이러한 노력이 어렵고, 제대로 실천되지 않는 이유는 무엇일까? 여러 가지 이유가 있을 것이다. 미래를 바라보는 시각이 다를 수 있다. 기회에 대한 준비가 안 되어 있을 수도 있고, 자원을 파악하지 못하고 있을 수도 있다. 개인적

신입사원은 무엇으로 성장하는가

으로는 리더가 가치기준과 원칙이 분명하지 않기 때문이라고 본다.

가정마다 가훈이 있을 것이다. '남을 사랑하라'는 가훈이 있다면, 아무래도 남과 다투기 보다는 한 번 더 생각하고 참는 행동을 한다. 불쌍한 사람을 보면 좀 더 측은한 마음을 갖고 배려할 것이다.

회사에는 핵심가치가 있다. 구성원들을 한 방향으로 이끌기 위해 최고 경영자의 철학을 바탕으로 핵심가치를 정해 실천하게 한다. 이러한 가치와 원칙은 구성원의 사고와 행동 및 의사결정의 기준이 되기 때문에 중요시된다.

자신의 원칙과 기준을 만들어 실천하라.

입사 2개월인 오하나 사원은 항상 바쁘다. 팀의 선배들이 이 일 저 일을 부탁하고 자신의 업무를 처리하다 보면 어느 순간 12시가 된다. 해야 할 일의 1/3도 마치지 못했는데 점심 먹으러 가자고 한다. 대충 먹고 또 일에 매달린다. 매일 야근이다. 퇴근하는 순간 오늘 내가 무엇을 했는가 생각하면 한 일이 없다. 이렇게 생활하다가 몇 년 후에 나의 모습은 어떻게 될까 고민하게 되었다.

오하나 씨의 멘토는 선 차장이다. 선 차장은 항상 영어공부도 하며 책도 읽는 여유가 있다. 오하나 씨는 선 차장에게 어떻게 하면 하루 일과를 여유 있게 가져갈 수 있냐고 상담을 요청했다. 선 차장은 일의 원칙과 기준을 정하라는 한마디를 남겼다. 일의 원칙과 기준을 정한다?

2 10년을 설계하다

쉽지 않게 들렸다. 지하철을 타면서 곰곰이 생각해 보았다. 내가 일을 함에 있어 문제는 무엇인가? 왜 항상 바쁘기만 하고, 성과는 없는 것일까? 하루 종일 일에만 매달리고 언제 자기계발과 하고 싶은 일을 준비할 것인가? 막막하기만 했다. 지하철 승객들을 돌아보았다. 책을 보는 사람, 옆 사람과 이야기하는 사람, 잠에 취한 사람, 아무것도 하지 않는 사람, 그 가운데 뭔가 들으며 영어공부를 하는 사람이 보였다. 주위가 아무리 시끄러워도 책에서 눈을 떼지 않는다. 대단한 집중력이라고 생각하면서도 피곤에 절어 자리만 찾던 나와 비교해 본다. 바로 이것이다. 집중하는 것이다. 이것저것 여러 가지 일을 조금씩 하는 것이 아니라 중요한 일을 중심으로 집중해야 한다는 생각이 들어 그녀는 3가지의 원칙을 세웠다.

첫째, 하루 6가지 꼭 해야 할 일을 정해 집중한다. 둘째, 그날 못한 것은 다음 날 최우선 과제로 놓는다. 셋째, 무슨 일이 있어도 하루 1시간 이상은 책을 본다. 원칙을 실천하기 위해 조그만 화이트보드를 구입했다. 팀원이 모든 사람들이 볼 수 있도록 6가지 해야 할 일을 적어 놓고 번호를 지워 나갔다. 군에 다녀온 선배가 무슨 100일 남기고 지워 나가는 것 같다며 놀렸다. 1주일이 지난 후 달성하지 못한 업무는 없었다. 하루 6가지를 정하고 중요한 순서로 마치는 것이 생활에 활력을 주는 계기가 되었다.

신입사원은 무엇으로 성장하는가

결단의 순간에 좌절하지 않다

의사결정에 자신감을 가져라.

담당자가 가장 힘든 순간은 중요한 사안을 작성할 때이다.

물론 최종 의사결정은 경영층이 내리지만, 이러한 의사결정을 내리도록 안을 작성하고 근거를 마련하며 실질적으로 중요한 의사결정을 하도록 만드는 사람이 담당자이다.

사실 회사가 직원을 채용하고 보상을 주는 이유는 이러한 어려운 일을 통해 성과를 더 내라는 의미가 있다. 담당자가 작성한 안에 따라 의사결정이 바뀔 수도 있다. 그 결과가 긍정적일 수도 있고, 부정적인 영향을 미칠 수도 있다. 그러기에 담당자는 심사숙고해 안을 작성해야 하며, 안을 작성한 후에는 그 안이 의사결정되도록 노력해야 한다.

어떤 경영자는 안을 가져오는 담당자의 자세와 눈을 바라본다고 한다. 들어오는 자세가 활기차며 눈에 자신감이 차 있으면 안을 보지도 않고 승인을 한다. 그러나 자세가 주춤거리며 보고하는 말에 자신감이 결여되어 있고, 눈이 한곳을 응시하지 못하고 불안해 보이면 다시 안을 가져오라고 한다.

일의 방해 요인을 과감히 제거하라.

한 직원이 있다. 자신의 일을 남에게 미루거나, 지시에 불복하고, 회사에 아무 연락도 하지 않고 출근을 안 하고, 전화마저 받지 않는다면 당신은 어떻게 하겠는가? 물론 한두 번은 참아 주고, 개별 상담을 하며 이유도 듣고 조언도 해 줄 것이다. 그러나 이러한 행동이 반복된다면, 조직장은 결단을 내려야 할 것이다. 조직장의 결단이 그 직원에게는 치명적이 될 수 있어도, 다른 직원에게는 귀감이 된다. 한 직원의 행동이 다른 성실하고 최선을 다하는 직원들에게 영향을 주기에, 조직장은 그것을 방치할 수 없는 것이다.

같은 개념으로, 일을 하면서 방해하는 것을 제거하는 것도 당신이 해야 할 일이다.

담당자는 고독한 황야의 한 마리 늑대이다.

무리를 떠난 늑대가 황야에 나가 갖은 고생을 하다가, 다시 무리에 들어와 리더가 되었다면 그 무리는 최고로 용맹하고 뛰어난 생명력을 갖는다. 그러나 황야에서 무리로 들어오지 못하면, 그 늑대는 비참한 최후를 맞이할 수밖에 없다. 황야에서 늑대는 생존을 위한 극한 결단의 순간에 봉착했고, 그 순간마다 단호하고 빠른 의사결정을 하였기에 살아남을 수 있었던 것이다. 업무를 하는 담당자의 마음인 것이다.

신입사원은 무엇으로 성장하는가

쿠바 공격을 지시하는 케네디의 심정은 어떠했을까? M&A 의사결정을 해야 하는 순간의 CEO의 심정, 회사를 살리기 위해 직원을 대량 해고해야만 하는 결정의 순간들. 최초의 안과 이에 따른 의사결정이 없다면 행동은 일어나지 않는다. 의사결정과 실행이 없는 회사는 파산으로 기울어져 가는 회사이다. 이 뒤의 무수한 움직임은 허사가 되고, 모든 직원의 사기는 극도로 저하되며, 조직은 패배주의와 무사안일주의로 파산의 길을 향해 가게 된다.

결단의 순간을 안으로 만들어라.

상사가 결재를 잘 받아 오게 하기 위해서는 안이 명확해야 한다. 얻고자 하는 바가 분명하고, 이 일을 통해 어떤 성과가 있느냐가 분명히 제시되어야 한다.

담당자가 결정을 하기 위해서는 모든 상황과 정보를 분석하고, 장단점에 대한 판단 및 몇 가지 구체적 대안도 생각해야 한다. 중요한 사안일수록 많은 시간이 소요될 수 있다. 매 순간순간 많은 사람들의 조언과 지원도 받아야 한다. 그러나 최종적으로 안을 작성하는 사람은 바로 업무 담당자라는 점은 변하지 않는다. 결단의 순간에 주저하지 않고 조직과 구성원의 이익을 위해 결정을 내리는 용기 있는 담당자가 있다.

상사는 이러한 담당자를 좋아할 것이며, 본인 또한 일에 자부심을
느낄 것이다.

주위를 꿈꾸게 만들다

꿈으로 충만하게 하라.

무엇이 사람들을 열정에 뛰게 만들까?

시애틀의 세계적인 파이크 플레이스 어시장에는 기쁨이 있다. 생선
을 파는데 파는 분들의 표정이 너무나 밝다. 생선을 던지며, 큰 소리를
치며 고객에게 웃음을 주기 위해 노력하는 이들은 생선을 파는 사람이
면서 기업체에 컨설팅을 하는 컨설턴트이다. 이곳에서 10년 된 한 직
원은 "우리는 생선을 파는 것이 아닌 꿈을 판다."고 한다. 무엇이 이들
을 팔팔 뛰게 만들었을까?

돌아가신 현대의 정주영 회장께서는 "왜 이리 날이 밝지 않나? 할
일이 많은데."라며 새벽에 하루를 기다렸다고 한다. 대부분의 젊은이
들은 일요일 저녁에 "또 월요일이네, 아이 지겨워, 한 주를 어떻게 보내
지"하며 다가올 하루를 힘들어한다. 그러나 꿈이 있는 사람은 이렇게
생각하지 않는다. "내가 가야 할 곳이 저 곳에 있고, 내일은 이것을 이

신입사원은 무엇으로 성장하는가

렇게 해야지."라고 생각한다.

결국은 자신이다.

사실 변화의 주체는 본인이다. 내가 변해야 모든 것을 변화시킬 수 있다.

영국의 한 주교는 "내가 젊고 자유로워서 상상력의 한계가 없을 때, 나는 세상을 변화시키겠다는 꿈을 가졌다. 그러나 좀 더 나이가 들고 지혜를 얻었을 때, 나는 세상이 변하지 않으리라는 것을 알았다. 그래서 나는 시각을 좁혀 내가 살고 있는 나라를 변화시키겠다고 결심했다. 그러나 이것 역시 불가능한 일이라는 것을 알았다. 나는 마지막 시도로 나와 가장 가까운 내 가족을 변화시키겠다고 마음먹었다. 그러나 아무도 달라지지 않았다. 이제 죽음을 맞기 위해 누워 나는 내가 만약 내 자신을 변화시켰다면, 그것을 보고 내 가족이 변화되고, 내 이웃, 내 나라를 더 좋은 곳으로 바꿨을 것을." 하며 후회했다. 결국은 나부터 변해야 하는 것이다.

왜 열정과 기쁨에 불타지 않는 것일까?

여러 사유가 있을 것이다. 중요한 것은 그 사람이 왜 기뻐하지 않는가, 그 이유를 아는 것이다. 왜 그 사람의 열정이 떨어지게 되었는가?

사실 삼성, 현대, LG 등 국내 대기업이 아니더라도 첫 직장에 입사하는 사람은 누구나 열심히 하고 싶고, 성과를 많이 내서 승진도 하고 많은 보상도 받고 싶어 할 것이다. 열정에 넘칠 수밖에 없다. 한두 해 근무하면서 더 높은 목표와 열정에 넘쳐 도전하는 사람도 있고, 저 구석에서 불만이나 하고 있는 사람도 있다. 그 사람이 왜 그렇게 되었나 안다면 해결책이 있을 것이다.

입사 6개월 차인 김형균 씨는 아이디어가 풍부하고 항상 새로운 것에 도전하는 성향이 강했다. "왜 이 방법으로 하지요? 이런 방법은 어떤가요?", "제가 이 프로젝트를 생각해 봤는데, 이 방안이 도입되면 이런 효과가 있을 듯합니다." 김형균 씨의 제안은 끊이질 않았다. 결국 상사는 "됐어, 형균 씨. 그거 옛날에 다 해 본 거야. 형균 씨 지난번에 지시한 일 다 끝냈어? 형균 씨, 한 번만 해 피곤하게 하지 말고." 등등 묵살하기 일쑤였다. 형균 씨는 갈수록 말이 없어지고 이 회사는 나를 인정하지 못한다고 생각하게 되었다.

열정과 기쁨에 불타지 않는 가장 큰 이유는 상사와의 갈등이 아닐까?

구성원에게 기쁨을 주는 천사가 되어라.

어떻게 주위를 꿈꾸며 열정에 불타게 할 것인가?
직장생활을 하는 모든 이들이 어떻게 기쁨에 뛰게 만들까?
많은 방법이 있을 것이다.

신입사원은 무엇으로 성장하는가

첫째, 회사에서 이루고 싶은 목표를 가져라. 내가 회사에 나오고 싶도록 만들어야 한다. 출근하면 마음이 설레고 즐거워야 한다. 내가 할 일이 있고, 그 일이 나를 키우며, 그 일이 재미있어야 한다.

내가 결혼하길 원하는 아름다운 한 여성과 데이트를 계획한다고 생각해 보자. 즐겁고 흥분될 것이다. 마음속에 그녀가 있고, 그녀를 기쁘게 하기 위해 자신의 모든 사고를 온통 그녀에게만 향한다. 복지업무를 담당하는 이정화 씨는 매일 직원과 데이트한다고 생각한다. 구성원 한 사람 한 사람에게 관심을 가져 주고, 그들을 기억하고 좋았던 일들을 이야기한다. 항상 웃음으로 대하며, 자신을 기억해 주니까 정화 씨 주변에는 많은 사람들이 모인다. 결혼한 사람들은 "정화 씨와 결혼하면 행복하겠다."며 사람을 기꺼이 소개해 준다.

둘째, 함께해야 한다. 아침에 출근하여 자기 자리에 앉아 하루 종일 한마디도 하지 않고 퇴근한다면, 과연 회사생활이 재미있을까? 오늘이 자신의 생일인데 아무도 축하해 주지 않는다. 더 심각한 것은 점심시간에 각자 약속이 있다고 먼저 나간다. 나만 남게 되었다. 나는 회사와 주위 동료에 대해 무슨 생각을 하게 될까?

유지연 씨는 함께 하는 것을 즐긴다. 물론 혼자 다 할 수 있다. 선배에게 일의 프로세스를 묻거나, 지난번 동일한 일을 했을 때의 고민사항을 묻는다. 선배들이 늦게 근무를 하게 되면 커피 한 잔과 죄송하다는 메모 한 장을 책상에 올려놓고 나간다. 프로젝트나 팀의 궂은일은 도

2 10년을 설계하다

맡아 한다. 총무나 인사팀에서 전체에게 배포되는 물건은 누가 먼저라고 할 것 없이 유지연 씨가 각자의 책상 위에 올려놓는다. 때로는 시골에서 보냈다고 밤을 삶아 가져온다. 교육이나 지인을 통해 중요한 자료를 받으면 전 팀원에게 공유한다. 그녀는 어느 사이 팀원과 함께함으로써 기쁨을 창출하는 천사가 되어 있었다.

신입사원은 무엇으로 성장하는가

113

3

실력, 실력
그리고
고집스러운 실력

1 : 전략적 사고

1등만이 살아남는다

\# 아무도 2등을 기억하지 않는다. 1등만 기억할 뿐이다.

1969년 7월 20일, 닐 암스트롱은 인류 최초로 달에 인간의 발자국을
남겼다.

그리고 잠시 후 에드윈 볼드린 2세가 달에 두 번째로 인간의 발자국
을 남겼다.

그러나 에드윈 볼드린 2세의 이름을 기억하는 사람은 거의 없다.

단지 인류 최초로 달에 발을 내디딘 암스트롱만이 기억되고 있을 뿐
이다.

1등이 주는 혜택은 그만큼 사람들의 뇌리에 오래 간직되며, 기록되어진다.

기업도 마찬가지이다. 선두주자는 어려움도 있지만, 그 혜택도 크다.

코카콜라를 보자. 1등이라는 점 그 자체가 회사의 브랜드 가치를 더욱더 높여 주며, 기존의 영역은 물론 새로운 영역에로의 진출에 영향을 미치는 것이다.

우리나라의 경우, 30년 전 100대 기업 중 현재 100대 기업인 회사는 불과 12개이다. 1등만이 살아남는다고 하지만, 한번 1등이 영원한 1등이 아니다.

영원히 1등의 자리에서 내려오지 않을 것이라 믿었던 부동의 자동차 세계 1위 기업인 GM은 2009년 드디어 파산까지 내몰렸다. 1960년대 우리나라를 이끌던 섬유, 신발, 목재 회사 중에 지금까지 국내 100대 기업에 포함되어 있는 회사는 없다. 아니 생존하고 있는 회사를 찾는 편이 빠를 수 있다.

과거 초우량기업이었으나, 이름도 없이 사라진 기업이 수없이 많다. 사라지게 되는 여러 이유가 있을 것이다. 우수 인재의 부족, 신사업 개발의 실패, 잘못된 의사결정, 정부 정책의 변경, 경쟁제품의 출현 등.

중요한 것은 1등을 어떻게 유지해 가느냐에 있다.

개인의 경우는 어떠한가?

국내 대기업에 입사한 신입사원의 대부분은 초등학교나 중, 고등학교 때에 1등을 한 기억이 있다. 국내 최고의 대학에 입학하였고, 졸업과 동시에 대기업에 입사했다. 그들에게도 수많은 경쟁이 있었다. 그들은 그 경쟁에서 1등을 했고, 그것이 바탕이 되어 더욱 성장할 수 있었을 것이다. 기업에 들어온 후에 만나는 모든 사람들은 동일한 과거를 갖고 있는 사람이다. 아니 더 치열한 경쟁을 뚫고 입사한 사람들도 있다. 이들과의 경쟁이다. 더 나아가 다른 초일류 기업의 사람들과의 경쟁이다. 입사한 기쁨에 머문다면 오래 가지 않아 추락할 것은 뻔하지 않겠는가?

1등의 자부심을 강화시켜라.

어떻게 하면 1등이 주는 혜택을 지속적으로 가져갈 것인가?

첫째, 자신이 갖고 있는 핵심역량을 파악하여 강화해 나가야 한다.

영어능력이 세계 최고 수준이면 그 영어능력을 강화시키는 데 역량을 집중시켜야 한다. 입사하여 2년만 지나면 영어 한마디 안 했다고 토익 900점 넘던 친구가 600점을 간신히 넘는다. 그렇다고 직무의 전문성을 인정받는 것도 아니다.

2년이란 세월을 성장했다고 생각하지 못하게 된다. 집중해야 한다. 삼성전자 반도체 산업의 성공 요인은 비메모리 반도체를 포기하고, 메

신입사원은 무엇으로 성장하는가

모리 분야에 집중했다는 데 있다.

둘째는 전문성이다.

제철소 없이도 세계 1위의 철강 경쟁력을 갖고 있는 미탈스틸은 30년 노하우를 가진 전문 인력을 통해 새로운 성장 동력을 찾아내고 투자한다.

신입사원에게 전문성을 갖추라고 하면 서두르는 느낌도 있다. 하지만 언제까지 신입사원일 수 없다. 입사한 이상 이미 입사한 사람과 경쟁을 할 수밖에 없다. 아니 타 회사의 핵심인재들과 경쟁해야 한다. 이를 위해 자신의 분야에서 남과 차별화된 성과를 내야 한다. 학계나 전문기관의 전문가와 교류를 넓혀야 한다. 더 나아가 가능하다면 학력도 높여야 한다. 결국은 실력이다.

셋째는 창의력이다.

경쟁사의 제품이 나오기 전에 곧바로 신제품을 출시하고 자신이 만든 1등 제품을 뛰어넘어 새로운 제품으로 1등을 이끌어 가는 기업이 초우량기업이다.

마찬가지로 지금까지 해 온 업무 관습을 뛰어넘어 더 새롭고 가치 있는 일을 창출해 내야 한다. 고민하여 새롭게 하지 않으면 도태될 수밖에 없다. 1등은 1등을 유지하기 위해 부단히 고민하고 창조해 내고 있다.

마지막으로 변화하는 사람이다.

제품이나 전략은 모방이 가능하나, 모방할 수 없는 무형의 경쟁력인 사람, 문화, 혁신활동을 통해 새로운 사업영역을 확장해 가는 기업이 진정한 1등 기업이다.

나 자신의 철학과 생각, 경험과 지식, 네트워크, 품성 등 모든 면에서 1등이며, 또 다른 1등을 위해 지속적으로 변해 나가는 내가 되어야 한다. 이러한 사람만이 1등이 주는 혜택을 지속적으로 이끌어 가며, 성장하게 된다.

핵심성공요인을 살피다

나의 핵심 성공요인을 찾아라.

조직장으로 있으면서, 보고 시에 가장 답답한 상황은 무엇일까?

상사가 도무지 당신의 이야기를 이해하지 못하는 경우도 그 상황일 것이다.

당신은 분명 결론을 먼저 이야기했을 것이다. 과정도 차분하게 순서를 갖고 설명했을 것이다. 중요한 것은 상사가 이해하지 못했다는 점이다.

신입사원은 무엇으로 성장하는가

무엇이 문제일까? 보고 시, 핵심 이슈가 무엇인가에 대해 얼마나 강조하여 부각시켰는가가 아닐까?

아래 사람이 보고할 때, 답답함을 느꼈다면 동일한 수준일 것이다.

제발 핵심이 뭐냐고 다그치고 싶을 것이다.

핵심성공요인은 무엇인가?

누군가가 당신에게 조직적응능력이 떨어진다고 이를 강화시키라는 지시를 내렸다면 어떻게 하겠는가?

먼저 당신은 조직적응능력이 무엇인가에 대해 정의를 명확히 할 것이다.

그리고 정의에 따라 이 능력을 실천할 수 있는 행동특성을 구체화하고, 이를 중심으로 어떻게 강화할 것인가 그 수단을 찾게 될 것이다. 수단으로는 교육, 코칭, 멘토링, 참고서적 지급, 직무를 통한 습득 등 다양한 방법 중 어떤 것을 선택하게 된다.

이 중에 어느 것이 핵심성공요인인가? 바로 행동특성이다.

조직적응능력의 정의를 '목표달성을 위해 조직특성을 알고, 업무 추진능력을 가지며, 구성원과의 관계 정립 및 커뮤니케이션을 하는 능력'으로 볼 수 있다. 중요한 것은 행동특성이다. 조직적응능력의 행동특성을 이렇게 규정할 수 있다.

자신의 일은 가급적이면 다른 팀원의 도움 없이 스스로 처리한다.

팀원들이 상호 존중하는 마음으로 대한다.

무슨 일을 하더라도 '아, 저 사람이 하는 일이라면…….'이라는 말을 들을 수 있도록 평소 행동한다.

주기적인 단합활동을 통해 갈등 해소, 동료의식 등을 고취시킨다.

팀원 상호간 의사소통 시간을 많이 가지며 관심을 가진다.

왜 핵심성공요인이 중요한가?

우리가 핵심역량이라 하면, 일을 매우 잘하는 사람들이 하는 행동의 공통된 특성을 정리한 것이다.

미래 경쟁력의 핵심요인은 무엇인가?

삼성경제연구소는 기업의 경쟁력을 기업 실적의 질적 측면과 사업구조를 통한 기업의 역동성, 기술적 역량, 변화혁신역량, 글로벌 역량, 기업이미지로 보고 있다. 이 중, 기업 이미지의 핵심 성공요인을 재무건전성, 자산운영, 혁신성, 글로벌 역량, 사회적 책임, 제품/서비스 수준, 직원의 역량, 경영의 질, 장기적 투자가치로 살피고 있다.

핵심성공요인을 잘 설정하면, 방향은 결정되는 것이다. 이에 집중하면 당연히 성과는 높아진다고 본다.

일 잘하는 사원들의 특징에 대해 설문조사한 결과 9가지가 도출되었다.

1)진행 상황에 대한 중간보고를 잊지 않는다.

2)자신감을 가지고 결론을 내는 것이 빠르다.

3)장단점이 분명하며 시류를 빨리 읽는다.

4)인맥을 잘 구축한다.

5)반대 의견에 대해서는 끝까지 논쟁한다.

6)문제점에 대한 대안을 제시한다.

7)시간 약속을 어기지 않는다.

8)일처리의 원칙중요성과 긴급성을 가지고 있다.

9)문제가 생겼을 때는 숨기지 말고 빠르게 보고한다.

이 설문의 내용으로 비추어 보면 의사표현력, 대인관계력, 판단력, 전략적 사고를 핵심성공요인으로 볼 수 있다.

담당자가 일을 수행하면서 핵심성공요인을 정확하게 파악하여 이끌어 간다면, 일은 보다 효과적으로 수행될 것이며 일의 성과는 클 수밖에 없다.

부단히 핵심이 무엇인가를 파악하는 통찰력이 필요하다. 통찰력은 선천적이기보다는 후천적 훈련의 결과가 되어야 한다. 업무를 추진하면서 핵심성공요인을 의도적으로 선정하여 공유하는 노력이 필요하다. 나아가 관리하고 개선해 나가야 한다. 요인을 선정하여 관리하고, 더 중요한 요인이 있다면 조정하여 실천해 나가야 한다.

Spec은 대학생만의 이야기가 아니다

대기업 임원 평가는 다단계의 테스트를 거쳐 확정된다. 아무나 쉽게 임원이 되지 않고 승진도 되지 않는다. 임원이 되기 위해서는 3개년 성과평가는 기본이다. 도덕성, 인간관계, 업무지식, 나아가 외부인과의 다면평가와 심한 경우 CEO와의 1:1 인터뷰까지 실시한다. 승진은 고사하고 임원이 된 후에는 성과가 나쁘면 1년 만에 집으로 간다. 대기업 임원 평가를 담당한 A교수는 "요즘 임원들이 책을 읽지 않고, 자신의 분야에 공부를 하지 않는다."고 한다. 일의 성과로 평가받는 사람들이 그 일에 대한 고민과 연구가 적다는 이야기이다. 하물며 그 밑에 있는 구성원은 오죽하겠는가?

입사할 때의 Spec은 기대 이상이다.

채용단계에서는 어학연수를 다녀오지 않은 지원자를 찾는 것이 더 빠르다. 모두가 3개월~2년까지 해외연수를 다녀왔다. 자신이 지원한 분야의 자격증 1~2개는 기본이다. 영어 점수는 거의 만점에 가깝다. 파워포인트, 엑셀 등의 자격증도 다 보유하고 있다. 심지어 제2외국어 구사 능력도 뛰어나다. 전공에 관해 지원자에게 30분의 시간을 주고 발표를 시키면, 그 짧은 시간 동안에 파워포인트 장표를 만들어 설득력 있게 발표한다. 프레젠테이션 스킬도 뛰어나다. 동아리 간부에 온갖 봉사활동 기록도 많다. 회사에 대해서는 동아리를 만들어 많은 연구를 해서 면접관보다도 소상히 알고 있다. 학점 관리도 4.5만점에 4.0이 넘는다. 여학생의 경우에는 항상 미소 띤 얼굴에 약간의 애교 있는 음성으로 면접에 응한다. 어떤 학생을 합격시켜야 하는지 대부분의 면접관들이 고민을 안 할 수가 없다.

3 실력, 실력 그리고 고집스러운 실력

이곳이 평생직장이라고 생각하는가?

입사하여 통상 4년 후 대리로 승진한 사람들에게 이력서를 작성했느냐 물어봤다.

대학 4학년 동안 이들이 쌓아 온 그 엄청난 Spec이 부끄러울 정도였다. 한 줄을 쓴 사람이 적다. 있다면 모범사원 수상, 6시그마의 GB^{Green} ^{Belt} 인증이다. 이곳이 자신의 평생직장이라고 생각해서인가? 아니면 이제 들어왔으니 더 이상 공부할 필요가 없다는 생각에서일까? 어느 순간 평생직장의 개념은 사라져 가고 있다. 이제는 평생 직무의 개념이 더 와 닿는 시대이다. 어느 부서에서 무엇을 했고, 그 일을 통해 어떤 성과를 창출했느냐가 더 중요하다. 한 직무의 전문가가 되기 위해서는 입사하기 위해 대학 4년 동안 노력한 것 이상으로 최선을 다해야 한다. 실력을 쌓지 못한 사람을 받아 줄 수 있는 기업은 없다.

이력서에 한 줄을 적도록 노력해라.

헤드헌팅 회사에 이력서를 제출해 봐라. 자신의 이력서를 헤드헌팅 회사에 보내고, 자신의 시장 가치를 평가받아 봐라. 현재 기업에서 받는 보상의 최소 1.5배 이상의 가치가 있어야 한다. 통상적으로 회사를 옮길 때는 30% 이상 좋은 조건으로 이동한다. 입사할 때의 자격과 동일하다면 자신의 가치는 낮게 평가될 것이다. 나이가 많아지면 질수록 그 사람의 가치는 떨어지게 되어 있다. 자신이 받는 보상과 동일하다면 옮기기 힘들다. 손해 보며 옮길 수 없지 않는가? 만약 헤드헌팅 회

신입사원은 무엇으로 성장하는가

사가 보내 준 시장가치가 지금 회사에서 받는 보상보다 낮다면 자극을 받아야 한다. 지금 회사에서 퇴직을 이야기하면 갈 곳이 없기 때문이다.

1등이 될 수 있다.

직장에 입사하여 어떤 Spec을 쌓을 것인가?

신입사원 이승준 씨는 남다른 면이 있었다. 5주간의 신입사원 입문 교육 종합 평가에서 1등이었다. 그는 소감에서 평가가 있다면 그만큼 최선을 다해야 한다고 이야기한다. 전공이 아니지만 환경부서로 배치 받은 그는 현장을 알아야 한다며 현장 근무를 지원했다. 환경기사 자격증을 따고, 정부가 주도하는 환경안전 대회에 회사가 수상을 해야 한다며 그 까다로운 조건들을 충족해 나갔다. 1년의 노력으로 품질 대상을 수상했고 이 공로로 회사에서 창립기념일 공로상을 수상하였다. 회사 내에 환경 협의회를 구성하여 외부 자문교수를 모시고 한 달에 한 번 점검과 주제 발표를 실시한다. 자문교수를 통해 각계의 환경 전문가를 만나는 것은 기본이다. 입사하여 그가 1년 만에 이룩한 성과이다.

이승준 씨는 첫째, 자신의 분야에서 1등이 될 수 있도록 실력을 쌓아야 한다고 말한다. 대부분 신입사원들은 입사하면 그 힘든 여정이 끝난 것마냥 술을 마시고 계획 없이 시간을 보낸다. 내 분야에서 1등이 되겠다는 목표와 이를 이룰 수 있는 자신만의 로드맵을 가져가는 것이 중요하다고 한다.

3 실력, 실력 그리고 고집스러운 실력

둘째, 주변의 협조자를 구하여 함께 해나가야 한다고 강조한다. 환경기사 자격증은 함께 공부하는 선배가 없었다면 이룩할 수 없었다고 말한다. 함께 공부하며 자극을 주는 동료가 있을 때 목표는 더 빨리 달성될 수 있다.

언제나 떠날 수 있는 사람이 되어라.

입사하여 20년이 된 부장과 상담을 하였다.

가장 불안한 것은 이 회사에서 나가면 할 것이 없다는 것이라고 한다. 한 회사만 바라보고 열심히 일했다고 한다. 바쁘게 살았고 젊음을 회사를 위해 다 바쳤다고 한다. 현재 두 아들이 대학생인데, 회사가 구조 조정을 한다고 하니 불안하다고 한다. 한 회사에서만 근무했고, 이 부서, 저 부서를 옮겨 다니다 보니 어디 하나 내놓을 전문 분야도 없었다. 자격증 하나 없고, 학교 졸업도 입사 시점 그대로이다. 해외 연수 경험도 없다. 임원으로 승진은 요원하다. 대부분의 50대의 모습이다.

이래서야 어떻게 하라고 상담하기 어렵다. 최대한 회사에서 버티라고 할 수밖에 없다. 나이가 중요하지 않다. 어느 순간이든 나를 찾는 사람이 있어야 한다. 내가 아니면 해결이 안되어 나만의 전문성이 돋보이도록 만들어야 한다. 이곳이 아닌 타 회사에서 나를 데려가기 위해 많은 노력을 하도록 자신의 가치를 최대한 올려야 한다. 최소한 남이 나를 데려가지 않는다 해도, 언제 어느 곳이라도 갈 수 있는 실력과

신입사원은 무엇으로 성장하는가

자신감이 있어야 한다.

강점을 강화하다

나의 강점이 무엇인가 찾아라.

어린 시절 선생님에 대한 추억이 다 있을 것이다.

어느 유명한 화가가 된 친구는 초등학교 시절을 회고하며 눈물을 감춘다.

그는 매우 장난꾸러기였고, 어린 시절 집이 가난해 공부를 더 할 수가 없었다. 쉬는 시간에는 그것이 한이 되어 친구들을 더 괴롭혔다. 어느 날 다른 친구의 노트에 그림을 가득 그려 놨는데, 선생님이 그것을 보고 혼내기보다는 "길동이는 나중에 커서 유명한 화가가 되겠다."고 말씀하셨다. 이 한마디가 그 친구의 인생을 바꾸는 계기가 되었다. 그 당시만 해도 뭔가 그리는 것이 좋아 운동장에 돌로 그림을 그리곤 했는데, 선생님의 한마디에 꿈을 가지게 되었다고 회고한다. "선생님은 학생 한 사람 한 사람에게 관심을 갖고, 그들의 강점만을 강조해 주셨다."고 울먹이면서.

강점을 인정하면 인생도 바뀐다.

3 실력, 실력 그리고 고집스러운 실력

지하철 사랑의 편지에서 본 글이다. 두 부부가 있었다.

A부인은 99가지 장점이 있고, 단 한 가지 단점을 갖고 있는 매우 뛰어난 분이었다.

A부인의 남편은 아내의 한 가지 단점을 고치기 위해 계속 이 단점을 지적하고, 심지어 화를 내기도 했다.

B부인은 1가지 장점과 99가지 단점을 갖고 있는 함께 생활하기 힘든 분이었다.

B부인의 남편은 아내의 한 가지 장점을 부단히 칭찬하고, 자랑을 하고 다녔다.

몇 년이 지난 후 두 부부는 어떻게 되었겠는가?

A부부는 그 많은 장점에도 불구하고 헤어졌고, B부부는 너무나 금실 좋은 사이가 되었다.

삼성의 강점은 무엇인가?

인간경영이 큰 강점이라고 한다. 사업장 방문 시, 대표이사도 사원과 함께 줄을 서서 배식을 받아 식사를 한다. 청결한 조직으로 철저한 예방교육과 높은 로열티를 강조하는 문화 속에 부정은 숨 쉴 곳이 없다. 비노조경영으로 빠른 의사결정과 상생의 정책을 가져가고 있다. 그러나 가장 큰 삼성의 강점은 바로 삼성인이라는 공동체 의식이다. 삼성인, 삼성체전, 현지채용인 교육 등 삼성은 삼성인으로 하나 되도

신입사원은 무엇으로 성장하는가

록 한다. 삼성은 지금 창조경영을 강조한다. 그러나 이러한 창조경영은 인간경영, 청결한 문화, 비노조경영과 삼성인이라는 공동체 의식이 기반이 되지 않는다면 어려울 것이다. 삼성은 단점을 고치기 위해 노력하기보다는 강점을 강화하는 전략으로 세계 초일류기업으로 우뚝 서 있다.

조직장에게는 아래 사람을 바람직하게 변화시켜야 하는 책임이 있다.

모든 사람이 자신만의 개성과 특성이 있다. 이 개성과 특성을 살려 줘야 한다. 더 강화시켜 주어야 한다. 그들의 단점을 지적하기보다는 그들이 갖고 있는 강점을 더욱 키워 줘야 한다. 이를 위해서 먼저 자기 자신의 강점을 강화해야 한다. 구본형씨는 "내 강점을 찾아내 집중 투자하라"는 글에서 '재능 이력서'를 작성하여 자신의 강점을 찾아 그곳에 자원을 집중 투자할 때 가장 빨리 자신의 전문분야를 확보할 수 있다고 했다.

\# 약점이 아니라 강점이다.

신입사원들은 강점을 강화하기 보다는 약점을 개선하기 위해 노력한다.

6개월 동안 함께 일해 본 홍서영 씨의 장점은 섬세함과 다정함이다.

3 실력, 실력 그리고 고집스러운 실력

특유의 명랑함으로 아침 출근을 알린다. 팀원들이 조금 피곤하고 힘들어하는 오후 3시가 되면 기발한 아이디어를 낸다. 일명 '아이스크림 사다리'이다. 각자 사다리에 한 줄씩 긋게 하고 당첨1^{재무부 장관}, 당첨2^{행안부 장관}이라고 적어 놓는다. 재무부 장관이 돈을 내고 행안부 장관이 심부름을 하는 게임이다. 행안부 장관에 팀장이 당첨되었다. 일순간 잠시 긴장이 흘렀다. 홍서영 씨는 "재무부 장관님, 대통령이 장관으로 좌천되는 것 봤어요?" 하며 돈을 받아 매점에 간다. 서류 작업을 하면 오탈자가 하나도 없다. 앞 글자 선과 뒤 글자 선이 일직선이다. 도표의 간결함과 명확함은 물론 디자인도 깔끔하였다.

반면 홍서영 씨의 약점은 자신의 물건에 대해 누군가 손대는 것을 용인하지 않는다는 것이다. 누군가가 물건에 손을 대면 바로 화를 내며 얼굴에 그대로 나타난다. 이때의 표정은 다소 무섭기까지 하다. 항상 책상은 깔끔하게 정리되어 있고, 주변은 먼지 하나 없다. 처음에는 큰 문제가 되지 않았으나, 몇 개월 생활하다 보니 팀원들은 불편하기 이루 말할 수 없게 되었다. 그때마다 "겨우 펜 하나 놓았을 뿐인데 그렇게 화를 내냐?", "아니 메모지 한 장 쓴 것을 왜 그래." 등등 고성이 오갔다. 그럴수록 홍서영 씨의 청결함과 자신의 물건에 대한 애착은 더해 갔다.

조직장이 바뀌었다. 홍서영 씨는 항상 주변을 맴도는 사람으로 인식되어 가고 있었다. 새 조직장은 홍서영 씨에게 계약직에 대한 문서작성 강사가 되어 교육을 담당하라고 지시했다. 문서작성의 귀재라는 말

신입사원은 무엇으로 성장하는가

처럼 두세 번의 교육이 진행되었을 뿐인데 계약직 사원들의 문서작성 능력은 매우 향상되었다. 팀 회의에서 이를 칭찬하고 본부장에게도 이야기하여 본부 문서작성 강사로 위촉되게 되었다. 홍서영 씨는 문서작성 매뉴얼을 만들어 전 사원에게 문서작성의 표준을 제시했다.

이제 그녀는 회사 문서작성의 강사로 상반기 신입사원들 앞에 선다. 외부 활동과 인정을 받고 업무가 늘다 보니 어느 사이 그녀의 책상도 자료들이 쌓이게 되었다. 이제는 그녀도 '아~이거 실례할게요."하며 선배의 물건을 가져간다.

단점을 지적하고 개선하게 하는 것보다는 강점을 강화하도록 스스로 자신을 이끄는 노력이 더 중요하다.

관습을 바꾸다

의문을 갖고 앞서가라.

회사는 기존 문화와 관습을 바꾸기 위해 신입사원을 채용한다.

기존의 문화와 관습을 바꾸기는 쉽지 않다. 기존의 직원들은 이미 그것이 익숙해져 있기 때문에 굳이 바꾸려 하지 않는다. 누군가는 고정관념이나 관습에서 벗어나 개선을 해야만 조직은 지속적으로 성장

3 실력, 실력 그리고 고집스러운 실력

하게 된다. 유지한다는 것은 다시 말하면 쇠퇴하는 것이다.

고정관념이 어떤 영향을 주는가를 보여 주는 사례가 있다.

5마리의 원숭이를 우리 안에 가두고, 우리 위쪽에는 바나나를 걸어 놓고, 그 아래에는 계단을 설치하였다. 곧, 원숭이 한 마리가 계단 쪽으로 다가가 바나나를 향해서 오르려는 순간, 나머지 원숭이들은 차가운 물세례를 맞았다. 얼마 동안 나머지 원숭이들도 같은 시도를 하고, 그때마다 원숭이들은 차가운 물세례를 맞았다. 이제 한 원숭이가 계단을 올라가려고 하면, 다른 원숭이들이 이를 막았다.

차가운 물을 치우고, 우리에 있던 원숭이 한 마리를 새로운 원숭이와 교체하였다. 새로 들어온 원숭이가 바나나를 보고 계단을 오르려고 하자, 다른 원숭이들이 바로 공격했다. 또 한 번의 시도와 곧 이은 공격들…… . 이 원숭이는 계단에 오르려고 시도하면 공격받는다는 것을 알게 되었다. 또 한 마리의 원숭이를 새로운 원숭이와 교체하였다.

새로 들어온 원숭이가 계단 쪽으로 다가가자, 나머지 원숭이들이 공격을 했다. 바로 전에 들어온 원숭이가 공격에 더 적극적이었다. 이런 식으로 원래 있던 원숭이들 모두가 새로운 원숭이로 교체되었다. 새로운 원숭이가 들어와서 계단을 오르려고 할 때마다 그 원숭이는 공격을 받았다. 이쯤 되자, 원숭이들은 왜 계단 가까이 가면 안되는지를, 왜 차가운 물세례도 없는데 계단으로 가는 원숭이를 공격하는지 모르게 되었다. 그러나 이제 바나나를 먹기 위해 계단으로 가는 원숭이는 한 마리도 없었다.

신입사원은 무엇으로 성장하는가

신입사원들이 기존의 직원들에 의해 신입사원으로서의 도전과 패기가 움츠려져서는 안 된다. 그들의 행동 하나하나가 자극이 되고 이러한 자극이 쌓여 제도가 바뀌고 문화가 바뀌어야 한다.

오래된 기업을 컨설팅하다 보면 "좋은 게 좋은 거야, 하던 대로 해, 시키는 대로 해, 알아서 해, 우리끼리만 하자." 등의 문화가 있다. 사실 무엇인가 바꾸기는 어렵다. 어릴 때 축구선수가 되기 위해 열심히 축구를 해왔는데, 갑자기 농구를 하라고 하면 어떻게 하겠는가? 그렇지만, 축구를 할 수 없다면 바꿔야 한다. 여자 양궁을 보자. 세계양궁연맹이 한국 여자 선수의 연승을 막기 위해 수차례 규정을 바꾸었지만, 항상 그보다 앞선 경쟁력으로 금메달을 계속 휩쓸고 있다.

신입사원들이 이렇게 먼저 앞서가는 경쟁력을 가져가도록 해야 한다.

습관의 덫에서 벗어나라.

중앙일보의 중앙 sunday는 일요일에는 신문이 배달되지 않아 직장인 또는 고학력자들의 읽을거리에 대한 욕구가 있으나 신문을 일요일에 배달하기에는 여러 문제점이 있다는 고정관념을 뛰어넘었다. 일간지의 벽을 뛰어넘고 독자들에 대한 심층면접을 한 후에, 고학력 고소득층을 겨냥하여 높은 가격에 중요 이슈를 중심으로 새로운 틈새시장을 찾아낸 사례이다.

이러한 사례들이 기업에서 끊이지 않고 샘솟아 올라와야 한다. 회사

3 실력, 실력 그리고 고집스러운 실력

의 제품이나 제도 속에서 불편한 것을 찾아 개선하거나, 강점을 강화해 나가거나, 고객의 새로운 니즈를 찾아 창출해 내야 한다.

입사 1년 차인 우명하 씨는 회사에서 멘토링을 도입해야 한다고 주장했다. '선배에 의한 후배 육성'이 되기 위해서 기존의 업무 위주인 OJT_{직장 내 교육}보다는 좀 더 인간적인 관계를 맺어 상담까지 할 수 있는 멘토링의 필요성을 이야기했다. 2005년이니까 아직 국내에 멘토링이라는 개념이 그렇게 홍보되지 않았을 때이다. 멘토링 도입을 위한 외부 성공 사례 수집 및 내부 인터뷰를 통해 제도를 기안하였다. 경영위원회에 참석하여 "이것이 기존의 현장 실습이나 OJT와 비교하여 어떤 차이가 있느냐?"는 경영층의 여러 질문에 하나하나 대답하며 제도를 승인 받았다. 지금은 회사의 약 200쌍이 멘토링을 하고 있다. 멘토링을 통해 멘티인 신입사원들이 멘토인 선배와 많은 지식과 좋은 경험을 공유한다는 성공사례가 이어지고 있다.

기존의 관행에 대해 문제를 제기하라.

어느 날 내 앞으로 온 융자 기안지를 보는데, 기준에도 맞지 않았고 품의서에 어색한 부분이 많았음에도 여러 사람의 결재가 되어 있었다. 이상하다 싶은데 그럼에도 승인한 이유들을 찾으려고 기안지 첨부파일까지 다 뒤졌지만 찾아내질 못했다. 지사, 신용담당, 해당 부문 예산 담당 모두에게 전화를 걸었지만, 대답은 '원래 다 그런 거고, 영업기획

신입사원은 무엇으로 성장하는가

팀이 그런 것까지 왈가왈부할 일은 아니니 일단 승인했으면 한다.'는 것이었다. 내가 융통성이 너무 없나 싶은 생각에 웃으면서 잘 알겠다고 인사하고 전화를 끊었다. 그런데 내가 이걸 승인하고, 조직장 앞으로 갔을 때, 조직장이 나를 믿고 "민지 씨는 이걸 왜 승인한 거냐?"고 묻는다면, 거기서 제대로 말 못하고 쭈뼛쭈뼛 서 있을 자신이 없었다. 그래서 결국 일단 승인을 한 후에, 조직장에게 가서 좀 고민스러운 부분이 있다고 말씀을 드렸다. 무슨 일이냐고 하기에, 문서의 히스토리에 대해 말씀을 드렸다. 담당자에게 물어봐서 결정하면 되지 않겠냐는 말씀에 담당자들은 다 오케이라고 했지만, 어디에도 이런 규정이 없고 근거가 약한 것 같다고 말씀드렸다.

결국 조직장이 직접 해당 조직장에게 이야기를 들으니 본부장의 의사결정을 받아야 할 부분인데 오류가 있는 것 같다고 말하며, 품의서에 문제가 있음을 확인하게 되었다. 만약 그때 담당자들의 말만 듣고 말없이 승인하고 조직장에게도 남의 말을 빌려 그렇게 하도록 했다면 회사 재산 4억이 애매한 거래처에 지급되었을 수도 있는 상황이었다. 신입사원이 용기 내지 못해 혼자 끌어안고 있다가는 사고 친다는 명언을 그대로 확인한 순간이기도 했다. 모든 일에 의문을 갖고 원칙을 중심으로 생각하는 것, 그것이 아마 아무것도 모르다 보니 원칙과 호기심에 기댈 수밖에 없는 신입사원의 장점이다.

객관적인 자세로 업무를 봐라.

3 실력, 실력 그리고 고집스러운 실력

자리만 바꿔도 업무가 다르게 보인다.

A부서에 있다가 B부서로 자리를 옮기고 난 후 1개월이 지나 A부서에 가면 어색함을 느낀다. 내 자리라 생각한 그곳도 왠지 낯설다. 처음부터 내 자리가 아니었던 것이다. 조금 더 나아가면 A회사에 있다가 B회사로 옮기게 되면 이 분위기는 더 강하다. 그러나 그 안에 있을 때에는 '이 자리는 내 자리'라는 생각에 사로잡힌다. 누가 내 자리에 앉아 있으면 왠지 기분이 나빠진다. 내 회의실에서 허락을 받지 않고 회의하고 있으면 한마디 해 주고 싶은 생각이 든다. 내 것이라는 생각에서 벗어나 함께 사용하는 공간이며 회사의 것이라는 생각을 가져야 한다. 내 것이라는 생각에서 일하면 그 일만 보인다. 그러나 그 일을 벗어나 다른 일이 주어지면 그 일을 완전히 다른 차원에서 바라볼 수 있다. '내가 왜 저 일을 할 때 이 생각을 못했지.' 하는 후회를 할 때가 있다. 현재 하고 있는 일에서 잠시 떨어져 완전히 객관적인 상태에서 일을 바라봐야 한다. 이를 위해서는 습관에서 벗어나기 위한 노력이 중요하다. 한 발 더 나아가 그 일을 전에 담당했던 선배나 타 사의 그 일을 하는 담당자와의 만남을 나눠봐라. 자신이 담당하는 일의 새로운 방향과 개선점을 보다 많이 얻게 되지 않을까.

신입사원은 무엇으로 성장하는가

2 : 평상시에 위기를 생각하다

어려웠을 때의 교훈을 기록하라

\# 지난 다음에는 나에게 위기는 없었다고 생각한다.

지나온 세월을 생각해 보라. 어느 순간은 힘들었지만, 그때마다 문제가 해결되어 총체적으로 보면 순탄하게 걸어왔다고 생각한다. 내가 지금 이 자리에 있는 것은 내가 잘해 왔기 때문이라고 생각한다. 그리고 나는 계속 잘해 나갈 것이라고 믿는다. 나에게 획기적인 일은 없다고 생각하고, 지금까지 해온 것이 최선이었다고 맹신한다. 과거의 어려움에 대한 기억이 어느 순간 무뎌져 버린 탓이다.

이러한 과거의 힘든 일들이 무뎌짐이 그리 큰 문제가 되지 않을 수 있다. 힘들었던 일을 기억하여 굳이 고통받을 필요는 없다. 그러나 과거 힘들 때 이를 극복했던 교훈은 잊어서는 안된다. 왜 그 힘든 상황이 왔는가를 잊어서는 안된다. 그 힘든 상황을 극복하기 위해 어떤 방법으로 어떻게 했고 누가 가장 도움을 주었는가를 잊어서는 안된다.

과거의 방식은 과거의 방식일 뿐이다.

과거의 교훈이 중요하지 과거의 방식이 중요한 것은 아니다.

신입사원에게 어느 일을 맡기면 제일 먼저 과거 자료를 찾는다. 과거 성공과 익숙함에 대한 선택일 것이다. 창의성과 신입사원으로서의 도전이 부족하다. 물론 이것은 신입사원의 잘못이 아니다. 조직 내에서 학습된 결과이다. 선배들이 지시가 있을 때, 자신이나 더 위의 선배가 과거의 자료를 찾았기 때문이다. 상황의 변화에도 불구하고, 과거 승인되었기 때문에 이번에도 승인된다는 막연한 기대감이 일을 제자리에 머물게 한다.

의사결정에 있어서 과거의 성공이 미래 발목을 잡는 일은 매우 많다. 아날로그 시대의 근면성을 바탕으로 했던 일들을 디지털 시대에도 어울리지 않게 시킨다. 엑셀을 사용하면 1시간이면 할 일을 계산기로 두드리라고 한다.

중요한 것은 과거의 방식보다 더 높은 수준의 일을 해야 한다는 것이다. 백지 위에 다시 그림을 그리라는 이야기는 아니다. 과거 했던 방

신입사원은 무엇으로 성장하는가

식보다 못한다면 이는 큰 문제이다. 업무 능력을 크게 인정받는 김성애 씨는 "선배님, 전에 어떻게 했어요?"를 묻지 않는다. 이보다는 "선배님, 이 일을 지시받았고 이런 프로세스로 이런 자료를 준비하면 이정도 기대효과가 예상되는데, 다른 방법이나 조언 부탁드립니다."라고 이야기한다. 지시사항에 대해 충분히 고민한 흔적이 있다. 자신의 방법으로 해결하려는 의지가 엿보인다. 이러면 선배도 그 이상의 수준에서 이야기하기 위해 고민하고 대답할 수밖에 없다.

만약 "선배님, 이 업무를 지시받았는데, 어떻게 하면 되나요?"라고 물으면 "전에 했던 파일이야. 참조해."하면 그만이다. 과거 이상의 일이 달성될 가능성은 매우 낮게 된다.

나는 회사원이라는 사고를 버려라.

성공한 기업의 경영자는 직원을 어떤 시각으로 볼까? 모든 경영자가 직원을 몸종으로 보지는 않을 것이다. 그 기업이 성공한 초일류 기업이라면 구성원을 낮게 평가하는 일은 없을 것이다. 구성원들이 자신을 대신하여 뭔가 혁신을 해나가고 성과를 높여 주기를 원한다. 만약 구성원들이 나는 직원일 뿐이고 주어진 시간에 주어진 일을 해주면 된다고 생각하고 있다면 어떤 일이 발생할 것인가?

개선을 뛰어넘는 창조와 개혁은 이루어지지 않을 것이다. 과거의 성공을 바탕으로 이제 조금만 더 개선하면 충분하다고 생각한다. 새로운

3 실력, 실력 그리고 고집스러운 실력

일을 벌이기보다는 기존의 일을 유지하거나 일부 개선하는 수준으로
일한다. 신사업에 대한 연구개발 투자보다는 기존사업의 유지관리를
통해 이익극대화에 더 많은 관심을 갖는다. 이러한 기업은 어느 순간
반드시 정체되고 궁극적으로는 망하게 된다.

유지하면 된다는 사고는 쇠퇴로 가는 길이다. 이미 구성원의 마음속
에 나는 경영자가 된다는 꿈과 주인의식이 아닌 회사원이라는 의식만
심어져 있기 때문이다. 새로운 것에 대한 도전과 악착같은 실행을 통
해 창조해 나갈 생각이 적은 것이다. 머무는 것은 반드시 위기를 부르
게 되어 있다.

위기를 기회라 생각하라.

위기는 성장과 쇠퇴의 갈림길을 결정하는 시발점이다.

미국 금융위기에 대응하는 두 타입이 있다. 하나는 상황을 기회라
보고, 지금껏 보유하고 있는 자산을 가지고 보다 도전적인 인수합병을
추진하는 기업이다. 상황이 안 좋다 보니 흑자도산 하는 좋은 기업이
있기 마련이다. 이런 기업을 유리한 조건으로 살 수 있다는 기회로 보
는 기업이 있다. 이러한 기업은 항상 앞날을 내다본다. 평상시에 웅비
할 수 있는 역량을 키워 놓고 있다. 회사 내에서는 언제든지 위기 상황
이 올 수 있다 판단하여 위기관리 시스템을 작동하고 있다. 구성원의
눈빛에는 열정이 느껴진다. 다른 하나는 움츠리는 것이다. '소나기는

피해 가라.'는 옛말처럼 위기의 순간에 잔뜩 움츠려 있는 기업이다. 이 기업에는 현상을 유지하려는 생각이 강하다. 뭔가 새로운 일을 하기보다는, 도전하려고 하기보다는 현재의 안정을 가져가려고 한다. 이 기업에서의 실패는 곧 끝이라는 인식이 팽배하다. 어느 기업이 성하고 어느 기업이 망하겠는가? 개인도 마찬가지이다.

미래를 현재처럼 대비하라.

어려울 때 가장 쉽게 이야기하는 것이 감축이다. 삼성전자는 10조 당기순이익을 달성하고도 다음 해에는 위기라며 구성원에게 지속적 혁신을 강조한다. 위축되라는 것이 아니다. 복지부동하라는 것은 더더욱 아니다. 미래를 위해 현재 더욱 준비하라는 말이다. 슬기로운 자는 현재에 만족하지 않고, 항상 더 높이, 더 멀리 보며 준비하고 있다. 회사는 이렇게 준비하고 대비하고 있는 자에게 문을 열어 준다. 기회를 준다. 나가려 하면 붙잡는 것이다.

실패에서 배우다

적극적인 의사결정이나 도전적인 과제를 수행하지 않고, 지금껏 해온 일만 한다면 잘못을 저지르지 않을 가능성도 있다. 그러나 이런 조직은 어떻게 될까? 적극적이면서 항상 도전적이고 창의적이며, 성공에 대한 강한 열정에 차 있는 조직은 실패를 어떻게 생각할까?

두 조직이 있다.

한 조직은 실패를 장려하는 조직문화를 가지고 있다. 구성원들은 자신의 의견을 적극적으로 개진하고, 보다 성과를 내기 위해 다양한 시도를 한다. 물론 처음 시도되는 것이 많다 보니 실패를 많이 하게 되고, 이러한 실패를 전 구성원에게 공유하여 포상까지 하는 조직이다.

다른 한 조직은 실패를 용납하지 않는다. 모든 일을 완벽하게 처리해야만 한다. 한번 실패하면 큰 위험이 있기에 회사는 실패라는 것, 그 자체를 생각하지도 못하게 한다.

조직은 영속해야 하며, 성장 발전을 해야만 한다. 기업의 수명이 13년 이내라는 점을 감안한다면, 어느 조직이 살아남을까? 물론 사업의 특성을 고려해야 한다. 구성원의 역량과 조직분위기도 고려해야 한다. 그러나 항상 도전과 창의가 샘솟는 회사가 오래 생존하며 성장하는 법이다.

잘못하는 것, 실패하는 것을 인정해 줘야 한다. 더 중요한 점은 그러한 잘못과 실패를 통해 교훈을 얻고 더 큰 성과를 창출해야 한다는 것이다. 일본 만화 중에 '김태랑'이 있다. 주인공인 김태랑은 수없이 많은 실패를 하지만, 그의 도전과 열정, 그리고 될 수 있다는 긍정적 마인드가 결국은 회사를 살리고 개인을 살린다.

실패에서 배워라.

신입사원들이 자유스럽게 자신의 직무를 고민하고 연구해서 새로운 제도 또는 제안을 만들어 나가야 한다. 90년대 초, 도요타자동차를 견학했을 때이다. 생산 공정의 작업 방식이 서구의 방식과 다른 부분이 있어 종이에 적어 안내 직원에게 주었더니, 안내가 끝나고 1000엔을 준다. 회사에 도움이 되는 제안이라면, 제안의 가치에 따른 보상 이전에 무조건 1000엔을 선지급하는 제도가 전 직원에게 열려 있었다. 이런 제안제도 등이 실질적으로 추진되다 보니, 구성원에 의한 최고의 생산성을 가져간다고 느껴졌다. 신입사원으로서 뭔가 자신이 더 기여하고, 인정받기 위해서 새로운 아이디어를 제안해야 한다는 것이다. 그 내용이 하찮은 내용이라 할지라도 일단은 제안하게 한다. 그들에게는 부끄럽다는 생각 자체가 없어야 한다. 당연히 해야 한다는 생각을 가져야 한다.

실패를 인정하지 않는 회사의 사원들은 나서는 것을 극도로 꺼려한다.

3 실력, 실력 그리고 고집스러운 실력

제안은 고사하고 회의에서 자신의 주장을 하지 않는다. 공식적인 자리에서는 회사에 관한 그 어떠한 이야기를 하지 않는다. 그들이 이야기할 때는 회사와 관계없는 친한 지인과 둘이서 술 마실 때이다.

　# 열린 커뮤니케이션을 즐겨라.

　자신이 담당하고 있는 직무뿐 아니라 회사 경영현황과 주요 의사결정에 대해 알고 있다면, 어떤 큰 위기가 닥쳐왔을 때, 피해는 매우 줄어들 것이다. 비록 피해는 줄일 수 없다 할지라도 그런 의사결정을 할 수밖에 없었다는 것을 이해할 수 있게 된다. 보다 긍정적인 측면에서 보면, 구성원의 마음속에 더 하자는 열정이 일어나, 수없이 많은 개선이 이루어질 것이다. 마음을 열고 구성원과 정확하고 신속한 커뮤니케이션을 했기 때문이다.

　변화는 현재 하고 있는 일에 집착하여 새로운 것을 받아들이려 하지 않는 닫힌 커뮤니케이션 앞에서는 무용지물이다. 경영층이 아무리 회사를 구하려 노력했다 해도 그러한 노력이 구성원에게 전달되지 않았다면, 구성원들은 회사의 위기를 모를 수도 있고, 안다 할지라도 경영층의 무능력 탓으로 돌릴 수 있다.

　사랑하는 연인에게 내가 당신을 얼마나 사랑하고 있는지를 보여 주며, 말하는 것이 때로는 더 큰 사랑을 나눌 수 있는 법이다.

신입사원은 무엇으로 성장하는가

실패를 실패로 묻어 두지 않고 실패를 사례화하여 교훈으로 가져가라.

실패를 실패로 묻어 두거나, 다가오는 위기를 단순히 고민만 하고 적극적으로 대처하지 않는다면, 더 큰 실패와 위기를 초래할 수 있다. 실패에서 성공을 읽어야 한다. 다가오는 위기를 항상 대비하고 준비하는 자세를 가져야 한다. 동서고금을 통해 역사의 많은 위대한 영웅들은 실패를 실패로 끝내지 않았다. 실패를 교훈 삼아 제2, 제3의 대책을 준비하여 다가오는 위기를 빠르게 파악하고 대처하여 성공으로 이끌었다. 실패를 장려하며, 이를 구성원과 공유하고, 새로운 교훈을 만들어 조직을 변화시키는 것이 지혜이다.

김정민 사원은 Good to Great라는 회사 소식지와 핵심가치 실천 한마디라는 글을 통해 회사의 실패 사례를 정리하고 전 구성원에게 이를 공유했다. 처음에는 반대가 심했다. 개인과 조직의 프라이버시 문제, 회사의 보안 유출, 왜 잘못한 일을 공개하느냐? 칭찬 문화가 옳지 않느냐? 등 많은 저항을 뒤로 하고 실패 사례를 지속적으로 찾아내어 공유했다. 결국, 회사의 실패 사례가 음지에서 양지로 부각되고 실패 사례가 줄어드는 좋은 결과를 낳았다.

애블린 패러독스를 극복하다

No라고 말해라.

하기 싫은 일을 어느 한 사람의 의미 없는 제안으로 하게 된 경험을 갖고 있는가? 당신이라면 한 끼 식사를 위해 40도가 넘는 폭염 속에서 85km의 비포장도로를 먼지와 함께 달려가겠는가? 물론 아니다. 그러나 지나고 나면 후회할 일, 당연히 하지 말아야 할 일을 때로는 한다.

당신이 술을 마시는 분이라면, 이런 기억이 있을 것이다. 어느 날 1차가 끝나 어느 정도 술이 취한 상태에서 누군가가 "우리가 얼마 만에 만났는데 한 잔 더 하고 가자."라고 할 때, 가기 싫지만 함께 간 기억. 집에서는 아내가 기다리고 있고 늦게 들어가면 분명 있을 잔소리, 주머니에 돈도 없고, 내일 할 일이 많은데, 가면 술이 술 먹는데……. 분명 이 방식으로 하면 일이 잘못된 방향으로 가는데, 아무도 이야기하지 않는다. 더 심한 것은 그것을 알면서도 잘못된 방향으로 간다는 점이다. 왜 이런 일이 발생할까?

첫째, 모두가 다 알고 있는 일이기 때문이 아닐까? "모두가 다 그렇게 하는데", "내가 아니라고 하면 내가 그 일을 맡게 되거나, 책임지라고 할 것 같아서", "당연히 그렇게 하는 것 아녀요?", "튀기 싫어서" 등 지금까지 그렇게 해왔고, 모두가 그 일을 당연하다고 생각하고 있으면

신입사원은 무엇으로 성장하는가

반대하기 힘들다.

둘째, 자신의 생각을 정확하게 전달하지 못하는 데에서 발생할 수도 있다. 상사의 권위에 눌려, 혹은 조직이나 단체가 갖고 있는 동료의식이나 무언의 압력에 의해 잘못인 줄은 알지만 따르는 것이 낫겠다는 생각, 표현 자체를 못하는 개인적 특성 등으로 말없이 따라가는 현상이 나타날 수 있다.

셋째, 합의 자체를 이끌어 내지 못해 이런 일이 자주 발생될 수 있다. 회사가 어느 한 사람의 의사결정에 의해 일사불란하게 움직인다면 한두 번 이런 일이 일어나지만, 반복되지는 않는다. 그러나 전체 합의를 중시하는 문화와 조직에서는 자주 이런 일이 발생하게 된다.

어느 회사는 매년 파업이 일어난다. 특별한 이슈가 없는데 매년 파업이 일어나다 보니, 이 회사의 직원들은 파업을 당연시한다. 중요한 것은 이 회사 직원들의 의식이다. 이것이 옳은 일이 아니라는 것을 알고 있다. 그러면서도 동참한다. 동참하는 것이 동참하지 않는 것보다 유리하다는 생각 하나가, 아무 생각 없이 파업에 동참하게 만든다고 한다.

신입사원이라면, 이제 더 이상 끌려다녀서는 안된다. NO를 NO라고 이야기해야 한다.

애블린 패러독스를 극복하라.

애블린 패러독스가 미치는 악영향은 매우 크다. 상황이 종료된 후에는 반드시 책임을 추궁하게 된다. 모두가 원하지 않는 일을 했기 때문에 "누구 때문이냐?"를 지적함으로써 자신은 피해가고 싶어 한다. 조직에서 "저 사람 때문에 이번 일이 이렇게 됐다."라고 지적된 그 사람은 순간적으로 패자가 된다. 그가 영원히 부활하지 못한다면, 조직 전체에 보신주의가 물들게 된다. 자신감을 잃게 하고 창의를 죽이며 전체에 묻어가려는 경향이 심하게 나타난다.

애블린 패러독스를 극복하기 위하여 "아닌 것은 아니다."라고 말해야 한다. 세종대왕 시절에 허조의 역할을 그 누군가가 해 줘야 한다. 이를 위해서는 자신의 의견을 자신 있게 이야기할 수 있어야 한다. 나아가 반대 의견에 대해 인정을 해야 한다. 반대가 사라지는 순간 창의도 사라진다는 점을 잊어서는 안된다. 개인적으로 합리적 판단을 해야만 한다. 평소에 전략적이며 합리적인 의사결정 훈련을 쌓아야 한다. 나아가 집단 의사결정이 주는 장점과 단점을 정확하게 파악하고, 조직이나 개인이 집단 의사결정에 빠지지 않도록 회의와 조직문화를 가져가려는 노력을 경주해야 한다.

이를 위해서는 조직 내 관찰자 역할을 할 수 있는 사람이 있어야 한다. 회의가 끝난 후에는 체크리스트를 만들어 회의 과정이나 결과에 대해 점수를 내어 처음 시작했을 때보다 성과가 높도록 이끌어 갈 필요가 있다.

150

입사 2년 차인 성우상 씨는 회의 분위기가 조직장 한 사람에 의해 일방적으로 결정되는 것이 심각하다고 생각하였다. 여러 선배들에게 방안을 물어보았지만, 서로 눈치만 보았다. 성우상 사원은 회의 시 반대 의견을 제시하는 역할을 어느 한 사람이 담당할 것을 제안했다. 처음 반대가 많았으나, 조직장이 좋다고 동의했다. 과정 중에 얼굴이 붉어질 때도 있었다. 조직장도 힘들어했다. 건방지다는 생각도 들었지만, 회의 시 일방적 결정은 현저하게 줄어들었다. 다른 구성원들도 자신의 의견을 말하게 되었다. 반대 의견을 말하는 것은 쉽지 않다. 성우상 씨와 같이 예의 바르고 용기 있는 사람이 필요한 이유이다.

3 : 일을 통해 성장한다

진정한 프로는 성과를 내는 사람

직장인이라면 조직에 성과를 창출해 줘야만 한다.

직장인이 가장 중시해야 할 일이 무엇일까?

그것은 성과 관리라고 생각한다. 기업이라면 질 좋은 제품이나 서비스를 고객에게 빠르고 값싸며 대량으로 제공해 주는 기업이 최고 기업이다. 직장인이라면 기업에 성과를 창출해 주는 사람이다.

성과를 창출하는 길은 크게 두 가지가 있다. 하나는 전사 목표-사업부 목표-팀 목표-개인 목표로 연계하여 MBO^{목표관리} 방식에 의해 성과를 창출하는 방법이다. 다른 하나는 인재상과 핵심가치^{Core Value}, 조직문화 관리 등을 통해 구성원의 열정을 끌어내어 성과를 창출하는 방법이다.

직장인이라면 업무 목표를 통한 성과관리뿐만 아니라, 핵심가치와 구성원의 변화관리를 통한 조직 관리에도 능해야 한다.

평범한 일을 중요한 일로 만들어라.

신입사원이 자신에게 주어진 일에 대해 가치를 부여하고 최선을 다하면 그 일은 하찮은 일이 아닌 중요한 일이 된다. 초우량기업의 조건 중 첫째를 뽑으라면, '구성원들이 열정을 다하여 업무에 매진하도록 하는 것.'이다.

미국에서 매년 조사하는 일하기 좋은 기업의 특징을 보면, 사원들이 "내가 이 회사에 근무하는 것이 자랑스럽다."라고 말한다. 자신이 좋아하는 일을 자율적으로 하고, 마치 취미활동처럼 일을 즐기며, 일 속에서 보람을 찾는 회사가 자랑스런 회사의 기준이다.

어떻게 하면 이렇게 할 수 있을까?

입사 2년 차인 오주엽 씨는 회사의 발전을 위해서는 '대리 이하의 직원에 대한 사기진작방안'이 필요하다고 생각했다. 오주엽 씨의 주장은 '회사가 일하는 사람인 구성원을 중요시하고, 자신의 일에 긍지를 갖게

3 실력, 실력 그리고 고집스러운 실력

만드는 것'이라고 강조했다. 이 결과로 이득을 보는 곳은 회사라고 했다. 만약 노사분규로 회사가 노력과 시간을 빼앗겨 경쟁에서 멀어지는 것을 생각해 보자. 이것보다는 회사 내에 먹을 것을 제공하고, 쉬며 대화하는 공간과 운동 및 오락 시설까지 마련해 주고, 구성원들이 즐겁게 일하게 하는 것이 성과를 내는 일이라고 했다. 구성원의 사기가 떨어져 있는데 성장하는 회사는 없을 것이다. 사기를 진작시키는 최고의 방법은 구성원들이 회사에 일하러 온 것이 아닌, 취미생활을 즐기려, 아니 놀러 온 것처럼 만드는 것이라는 게 그의 주장이었다. 그는 회사 내의 많은 제도 변경을 주장했다. 고 직급 고 연령 위주의 복리후생제도를 카페테리아 방식으로 바꿔야 한다고 했고 여성인력을 위해 수유실과 유아방을 만들고, 흡연실을 없애도록 주장했다. 퇴근 후의 자기계발에 대한 지원금을 신설하자고 했다. 또한 복장 자유화, 가정의 날 도입, 구성원 상담제도 등을 건의했다. 이를 위해 그는 수많은 구성원을 만나 이야기했으며 그들의 애로사항과 희망사항을 정리해 건의했다. 물론 많은 안들이 여러 사정으로 실행되지 않았다. 기존 직원들의 양보가 있어야만 해결될 수 있는 안도 있었다. 그러나 경영위원회에서는 신입사원의 자발적 건의를 충분한 시간을 갖고 논의했다. 신입사원이 대단하다는 칭찬과 함께.

신입사원은 무엇으로 성장하는가

나는 중요한 역할을 수행하고 있다고 확신해라.

직장인들은 내가 조직의 일원이며, 중요한 역할을 하고 있다고 생각하면, 그의 신분에 관계없이 성과를 내기 위해 기꺼이 자신을 희생할 생각을 갖고 있다.

일을 잘하는 사람들은 구성원에게 혼을 불어넣는 사람이다. 교육을 담당하는 서정우 씨는 "나의 행동과 말 한마디가 이 회사에 근무하는 모든 사람들에게 힘이 되고 지침이 된다."고 강조한다. 스스로 교육 담당자임에 자부심을 느낀다. 교육 담당자로서 교육생에게 업무 담당자로서의 역할과 자부심을 고취시켰다면, 그는 분명 보통의 교육담당자가 아닌 회사의 철학과 방침을 전달하는 전도사인 셈이다.

일을 재미있게 한다

일을 즐겨라.

우리는 몇 살까지 일을 할까?

혹자는 60살이라고 한다. 수명이 늘어 정년이 60살 이상 되는 기업이 증가한다고도 한다.

그러나 현재 우리나라의 평균 연령이 80살이라면, 우리는 죽는 그 순간인 90살까지는 일을 해야 한다. 30~60살까지의 중반부 생활이 너무 즐겁다 보니 마냥 이 시간이 지속되리라 믿고, 인생의 중반부에 머무는 사람도 있다. 그들은 남은 인생의 후반부인 30년을 준비하지 못한다.

인생의 초반부에 준비한 공부가 인생의 후반부까지 가지는 못한다. 60살이 넘어 죽는 그날까지 재미있게 삶을 살아가는 방법은 무엇일까? 그것은 일을 즐기는 것이다.

어느 순간 직업이 없이 일 년을 보낸다고 생각해 봐라. 아내는 집 안에 있는 남편을 고운 시선으로 대하지 못할 것이다. 아이들도 평소에 대화도 하지 않던 아버지가 방 안에 있으니 힘들 것이다. 찾는 이도 없고 갈 곳도 없고. 한 달에 600만 원 이상을 벌었는데, 막상 시장에 나오니 100만 원 주는 일자리도 없다. 회사가 망하고 다른 회사에 합병되어 구조조정 된 직원들이 몇 년이 지나 회사가 정상화되어 복직된 후에 쓴 자서전에는 이런 글이 있다. '마치 시베리아 벌판 한가운데 서 있는 느낌이었다. 회사가 다시 불러 주겠다는 약속을 믿고 나는 핸드폰을 손에서 놓은 적이 없었다.' 복직되었을 때, 그들이 전에 근무했을 때와 현재 하고 있는 일은 다르게 느껴질 것이다.

만 58세가 정년인 회사의 현장에서 55세 되는 다섯 분들에게 "앞날을 생각할 때 무엇이 가장 힘드냐?"고 물었다. 모두가 노후설계이다. 지금까지 회사에 다니는 것이 인생의 전부였는데, 이곳의 기술이 사회에 나가서는 전혀 도움이 되지 않는다고 한다. 퇴임 후 향후 20~30년을 어떻게 보내야 할까 걱정이라고 한다. 취미가 있지 않냐고 하니 특별한 취미도 없다. 하긴 산에 가는 것도 한두 번이지 매일 산에 갈 수도 없다. 노인정에 가기에는 나이가 너무 젊다. 20년 후 일손이 너무 부족하여 정년 퇴직자에게 더 근무하게 한다면 모를까, 지금은 회사에 머물 가능성이 없다. 거실 소파에 길게 누워 텔레비전이나 보고 있는 내 모습을 생각하면 답답하다고 한다. 인생을 즐기는 방법을 배우지 못한 탓이다.

일 속에 의미를 부여하라.

일이 즐거운 사람은 어떤 모습을 보여 줄까?

지금은 일본에서 살고 있는 최지선 씨의 별명은 캔디였다. 하루가 뭐 그렇게 즐거운지 항상 미소를 지었다. 짜증나는 일도 있으련만 항상 웃는다. 뭐 부탁하면 "알겠습니다.", "고맙습니다."가 입에 달려 있다. 그녀는 일하는 것이 재미있다고 한다. 매일 비슷한 일을 하면서도 그 일이 재미있다고 한다. 어느 날 그 누군가가 점심이라도 함께하자고 하면 너무나 고마워한다. 식사 후 메일로 감사의 글을 보낸다. 출근했

3 실력, 실력 그리고 고집스러운 실력

을 때 커피 한 잔 가져다주는 그녀는 행복한 사람 그 자체이다. 일 속에서 보람을 느끼며, 스스로 한다.

시골 5일 장터에 가 보면 물건을 파는 아주머니들의 표정이 다르다. 어느 분은 신세를 한탄하듯 물건을 팔고, 어느 분은 혼신을 다해 물건을 판다. 혼신의 힘을 다하는 분에게 발이 간다. 일식집에 들어가면 큰 소리로 "어서 오세요." 하며 밝게 맞이하는 집이 있다. 왠지 생선이 싱싱하다는 느낌을 받는다. 더 일을 즐기는 사람의 모습은 어떨까? 일을 즐기는 사람은 주어진 일에 의미를 부여하고, 그 속에서 자신을 하나로 만드는 사람이다.

일을 잘하는 사람은 일을 즐기는 사람이다.

일은 분명 상사가 결정하고 방향을 제시하며 이끈다. 그러나 그 일을 실천하는 사람은 담당자이다. 이 담당자가 일을 즐기지 않는다면 그저 시킨 일을 하는 사람으로 전락한다. 재미가 없다. 재미가 없으니 성과가 오르지 않는다. 일을 하는 사람이 되기 이전에 일을 즐기는 사람이 되어야 한다. 일을 잘하는 사람은 일을 즐기고 그 즐거움을 주위 사람들에게 전파하는 사람이다. 생각해 봐라. 아침에 출근하여 내가 화내고 있는 모습을 본다면 감히 누가 밝은 인사를 할 수 있겠는가? 담배나 커피 한 잔 하면서 "오늘 재가 왜 그래?" 하며 흉을 본다면, 직장 생활에 무슨 흥이 있겠는가?

신입사원은 무엇으로 성장하는가

아무리 힘들고 어려운 일이 있더라도 그 일을 보다 즐겁게 하기 위해 노력하는 사람이 진정한 승자이다. 일을 즐기는 사람은 무슨 일을 해야 하는가 알고 있다.

중요하고 긴급한 일을 먼저 한다

\# 중요한 일에 집중하는 사람이 성과를 낸다.

매우 바쁜 사람이 있다. 이것저것 하느라 바쁜 사람이라면, 몸은 힘들고, 성과는 매우 적게 된다. 기업에서는 '선택과 집중'을 잘하라고 한다. 일을 즐기는 사람은 쫓기어 다니는 모습이 없다. 여유롭고 항상 미소가 머물고 있다. 행동도 경쾌하다. 문제는 무엇을 선택하느냐에 있다. 일 잘하는 사람들은 업무의 키워드를 정확하게 파악하여 이에 집중한다. 대만 스마트폰 제조업체 HTC^{High Tech Computer}는 1997년 설립되어 자체 브랜드 제품 하나 없던 하청업체였다. 이러한 회사가 2007년 매출 36억 달러, 영업이익 9억 달러로 2002년 대비 영업이익 15배를 하며, 스마트폰 시장의 무서운 별로 급성장한 이유는 단 하나이다. 바로 미래를 위한 기술과 경험에의 집중이다. 전 직원의 25%가 넘는 인원을 R&D에 투입하여 이에 집중함으로써, 경쟁사보다 2배 이상 많은 신제품을 출시하고 있다. 중요한 일에 집중하고 있는 회사가 성장함을 보여 주는 사례이다.

일을 하는 4가지 유형이 있다.

첫째 유형은 매우 많은 일을 모두 열심히 하는 경우이다.

항상 바쁘지만, 성과는 그리 높지 않다. 전형적인 성실파로 구성원들은 정열적으로 일하는 당신의 모습을 인정하지만, 매우 힘들어 보인다. 선택과 집중이 안되다 보니 결국 기진맥진해진다.

둘째 유형은 성과 높은 일에는 집중하지만, 그렇지 않은 일에는 신경도 쓰지 않는 경우이다. 유능하며 나름 조직의 흐름과 처세에 대해서도 뛰어나다. 성과가 높고 여유가 있기 때문에 좀 더 멀리, 높게 볼 수 있는 장점이 있다. 중요한 일을 하며 이 일에 자기의 시간을 보다 많이 활용하는 데 큰 자부심을 갖는다. 다만 조직 내에서 다소 성과가 낮고 일상적인 업무를 하는 사람은 깊은 갈등에 빠지게 된다.

셋째 유형은 하찮은 일에 집중하는 경우이다. 물론 시간적 여유가 없는 일이라면 어쩔 수 없겠지만, 일의 경중을 구분하지 못한다. 누가 봐도 나중에 하거나 안 해도 상관없는 일에 필요 이상의 시간을 투입한다면, 바라보는 이의 불만은 하늘을 찌를 것이다. 매년 구성원 회사 만족도를 조사하는 회사에서 "내가 일을 하는 데 있어 시간, 노력의 낭비요인이 되는 원인 1순위"는 바로 불필요한 문서 작성이다. 문서 작성이 중요한 일은 결코 아니다. 문서에 담긴 내용이 중요하다. 그러나

신입사원은 무엇으로 성장하는가

파워포인트에 의해 문서가 작성되고 보고되다 보니 어느 순간 내용보다는 문서 작성에 보다 많은 시간이 소요되는 경우를 볼 수 있다. 전형적인 하찮은 일에 집중하는 모습이다.

넷째 유형은 원칙을 정하고 선행 관리해 나가는 경우이다.

일을 추진하는 원칙을 정하고, 이를 사전 공유하며, 자발적으로 일을 선행 관리해 나가는 사람이 핵심인재이다.

깨진 유리창을 찾아 조정하다

일을 하면서 낭비 요인을 찾아 사전에 조치하라.

'깨진 유리창'이란 책을 읽은 적이 있다.

가만 살펴보면, 주변에는 깨진 유리창이 너무 많다. 특히 시간관리 부분이다. 아침에 일어나서 출근준비 하면서부터 퇴근하여 집에 돌아올 때까지 나는 얼마나 효율적으로 시간을 관리했나 항상 반성한다. 아침에 일어나 버스에 오르기까지 낭비 요인을 찾을 수가 없다고 생각했지만, 약 40분의 시간 속에 아주 단순한 한 가지 일을 하기 위해 10분 이상의 시간을 생각 없이 보내곤 한다.

버스 안에서의 행동, 사무실에서의 자투리 시간 활용 여부, 보고 또는 미팅 시의 지루함. 이 모든 것은 시간의 아쉬움을 남게 한다. 하루 가볍게 버려 버린 1시간은 1달이면 30시간, 1년이면 360시간이다.

내 주위의 시간과 노력의 낭비 요인을 없애기 위해 어떤 노력을 해야 할까? 단연 무엇이 시간과 노력의 낭비 요인인가를 찾는 일일 것이다.

2001년부터 조직역량 설문을 실시하고 있는 회사의 시간/노력 낭비 요인 1순위는 불필요한 문서작업, 2순위는 비생산적인 회의, 3순위는 불명확한 업무책임, 4순위는 불확실한 지시다.

자신이 의미 없는 문서를 한두 번도 아니고 10번 이상 수정한다고 생각해봐라. 한두 번은 선의의 마음을 갖고 수정하지만, 회수가 더해 감에 따라 "그래, 시키면 시키는 대로 한다."는 식으로 수정을 하되 자 신의 생각을 담지 않는다. 조직을 무사안일주의로 이끄는 병폐 중의 병폐가 되게 한다.

비생산적인 회의는 더하다. 아무 의견을 갖고 있지 않은 사람을 불 러 자리에 앉혀 놓고 30분이면 끝날 이야기를 2~3시간 지속한다. 모두 가 불만이지만, 말을 하지 못한다. 만약 이러한 병폐가 조직의 관습으 로 고착되어 인식과 관행으로 발전한다면, 개선하기 쉽지 않다.

깨진 유리창이 어디 있는가 알았다면, 새 유리창을 구해 갈아 끼우 면 된다. 우리가 시간과 노력의 낭비요인이 무엇인가를 알았다면, 새 로운 방법을 찾아 실행하면 된다. 누군가는 다른 사람들에게 영향을 주어야만 한다. 누가 이 일을 해야 하느냐? 하면 당연히 리더가 해야 한다고 한다. 그러나 리더는 가장 편한 사람이다. 물론 답답할 수는 있

신입사원은 무엇으로 성장하는가

지만 현재의 시스템에 가장 잘 적응되어 있고 익숙한 사람이 리더이다. 이 리더에게 대안 없이 개선해야 한다고 하면 도전이 되는 것이다. 뭔가 실질적인 효과가 나타날 수 있는 방안을 마련하여 리더 및 선배들을 합리적으로 설득해야 한다. 엄청난 열정이 필요하다. 이 일을 하는 사람이 신입사원이며, 깨진 유리창이 가장 잘 보이는 사람 역시 신입사원이다.

깨진 유리창을 내버려 두는 사람이 있다. 심지어 고쳐 주겠다고 해도 거부하는 사람이 있다. 어떤 일을 하는 데 있어 방해자는 반드시 있는 법이다. 혁신을 가져가는데 방해자의 제거 없이 혁신을 완성하기는 매우 어렵다. 깨진 유리창을 그대로 놓으라고 하는 사람이 방해자이다. 미관에도 보기 싫고, 여러 문제를 야기하는 깨진 유리창은 제거되어야 당연하다. 신입사원이 이 일을 처리하기에는 역부족이다. 함께할 누군가를 찾아 도움을 받아야 한다.

김기현 씨는 합리적이면서도 도전적이다. 채용업무를 담당하는 그는 조직장의 요구를 하나씩 조정하여 어렵게 채용계획을 수립하였다. 문제는 이들의 배치와 교육 이슈였다. 한자리에서 모여 결정하면 좋으련만 채용이 끝나면 배치부서에서 자기 편의에 의해 부서를 결정한다. 어느 경우에는 채용 모집과는 다른 부서에 배치되기도 한다. 배치가 되면 교육이다. 교육부서도 교육내용은 고사하고 일정이나 장소를 사전에 알려 주지 않는다. 김기현 씨는 채용/배치/교육 협의회를 만들어

3 실력, 실력 그리고 고집스러운 실력

함께 의논하고 결정하자고 제안하였다. 채용 전부터 함께 의논하고 결정하자는 협의체의 필요성은 충분히 설득력이 있었다. 그러나 교육부서에서는 3개월 전에 교육 내용을 결정하고 강사, 장소 섭외는 시기상 조라면 불가하다고 거절한다. 배치부서도 아직 들어오지도 않은 사람들을 배치하는 것은 이해할 수 없다고 한다. 직접 사람을 보고 결정해야 한다는 것이다. 담당자의 반대가 너무나 강해 해당 조직의 조직장에게는 말도 꺼내지 못했다. 김기현 씨는 타 사의 사례, 이 방식으로 했을 때의 기대효과, 기존 사원들의 의견 등을 정리하여 '채용 프로세스 개선'을 경영층에 보고했다.

해결책으로는 채용-배치-교육을 한 부서에서 담당하는 것을 건의했다.

기존의 시스템과 인식을 갖고는 성과를 창출할 수 없다는 생각에서 변혁을 취한 것이다.

물론 조직장 입장에서 해야 할 유지의 역할이 있다.

성과를 높이기 위해 깨진 유리창을 조정하는 일만큼이나 유리창이 깨지지 않도록 유지 관리하는 것도 중요한 일이다. 외부에 있는 우수인재가 입사하기를 희망하는 회사와 내부에 있는 우수인재가 머무르기를 희망하는 회사가 있다면 당신은 어느 회사를 선택하겠는가? 유리창이 깨지지 않도록 유지 관리를 하기 위해서는 세심한 배려가 필요하다.

기존의 제도이더라도 시대, 경쟁사와 비교하여 항상 점검해야 한다. 내부 우수인재에 대해서는 보다 많은 관심을 가져 그가 성과를 창출할

신입사원은 무엇으로 성장하는가

수 있도록 지원해 줘야 한다. 조직의 문화에 있어서는 후배는 선배가 키운다는 전통이 자리 잡게 하고, 불필요한 업무는 스스로 제거해 나가는 문화가 정착되어야 한다.

　조직은 보다 강한 경쟁력을 위해 지식과 정보가 자유롭게 공유되며, 업무협조를 통해 성과를 높이는 조직으로 변해 나가야 한다. 이것이 유리창을 관리하는 조직장의 역할이다.

4

관계의 성패가
미래를 좌우한다

1 ∘ 상사를 돋보이게 한다

상사의 의중을 파악한다

\# 상사의 마음을 읽도록 노력하라.

팀제하에서는 신입사원이지만, 업무의 담당자로서 의사결정을 하게
된다.

신입사원으로 일을 잘하는 두 가지 방법이 있다. 하나는 지시한 사
항을 제대로 처리하는 것이고, 다른 하나는 자신의 업무에 대한 아이
디어를 제시하는 것이다. 둘 다 상사가 무엇을 생각하고 있느냐를 정
확하게 파악하고 있어야 한다.

회의 때의 일이었다. 포기하거나 연기한 사안은 이유가 있다. 대부

분 전에 비슷한 시도를 여러 차례 했고, 현실적 한계에 부딪쳤기 때문에 시행되지 않은 경우가 많다. 그러나 신입사원 때는 "아저씨들이 고리타분해서 이 생각은 못하셨겠지!" 하면서 당돌하게 한마디 했다가 와장창 깨지기 쉽다. 일단 회의 중에도 많은 이야기를 신중하게 들어본 후 '왜 이런 이야기를 할까?' 의중을 파악하며 고민해 보고 말해야 한다.

자칫하면 신입사원은 꼭두각시 같다는 생각에 빠진다. 위에서 지시된 일을 그대로 해야만 한다. 내가 고민하고 의사결정할 사항이 없어 보인다. 그저 시키는 대로 하기만 하면 된다. 대학 다닐 때, 그 많은 프레젠테이션과 무한한 상상력은 어느 순간 사라지고, '내가 도대체 지금 무엇을 하고 있나?' 하는 갈등에 빠진다. 단 한 번도 이 업무를 하면서 '왜? 어떤 성과를 창출해야 하는가?'를 고민하며 보다 성과를 내기 위해 수행된 일을 점검하지 않는다. 문제는 상사가 왜 나에게 이 업무를 주고 이런 방법으로 지시했는가 의중을 모르는 것이다.

업무의 분명한 목적과 결과물 이미지에 대해 이야기하라.

먼저 지시를 받을 때, 본인이 100% 이해하지 못한 업무를 "예, 알았습니다." 하고 자리에 앉으면 일이 잘못될 가능성이 매우 높다. 불명확하게 업무를 받았으니, 엄청난 고생은 당연하며, 전혀 성격이 다른 결과물이 보고되어 꾸중을 듣게 된다. 명확하게 지시를 못한 상사의 책임도 있지만, 제대로 파악하지 못한 나의 잘못이 크다. 신세대처럼 "팀 장님께서 이렇게 하라고 했잖아요?" 큰소리칠 상황이 아니다. 지시를 받을 때에는 기대하는 결과의 모습을 분명하게 제시해야 한다. 만약 이 결과물의 모습이 불분명하다면, 물어봐야 한다. 만약 그 자리에서 묻지 못했다면, 고민해 보고, 그래도 불분명하다면 상사에게 질문하여 결과의 이미지를 분명히 가져가는 것이 바람직하다. 올바른 방향을 잡아 주는 것이 상사의 역할이고, 이 방향에 따라 일을 추진하는 것은 나의 역할이다.

수시로 보고하라.

상사의 의중을 파악하기란 그리 어렵지 않다. 작성된 결과물을 상사에게 중간 중간 수시로 보고하고 최종 결과를 제시하면 된다. 대부분의 사람들은 최종 결과물을 제출하고 나면 두 번 다시 그 일을 생각조차 하기 싫어한다. 같은 주제를 다른 방법으로 두 번 이상 한다면 얼마나 짜증나겠는가? 중간보고를 하지 않고 최종보고를 했을 때, 상사가 마음에 들면 다행이다. 대부분 그렇지 않다. 이 경우 완전히 다른 방향에서 동일 주제의 업무를 해야 한다. 그것도 촉박하기 때문에 밤을 샌다. 상사와 선배의 꾸중과 눈치를 엄청 받으면서.

신입사원은 무엇으로 성장하는가

중간 중간 진행 상태를 보고하며, 상사가 무엇을 원하는가를 맞추어 가는 것이 당연하다. 상사도 의사결정이 바뀔 때가 많다. 중간보고 시에는 지시 내린 시점과 내용, 전에 보고되어 결정된 사항 등을 먼저 이야기하고 진척사항을 이야기하면 된다. 결론 중심으로 설명하되 기대효과를 반드시 제시하는 것이 보다 승인을 높이는 방법이다.

상사의 지시가 불합리한 경우 어떻게 하겠는가?

지시가 내려지는 순간, 못하겠다는 결론보다는 "이러한 문제가 발생된다면 어떻게 할까요?" 또는 "이 일을 하는 데 이러한 장애물이 있는데, 추진할까요?"라고 간접적인 방법으로 제언하는 것이 보다 현명하지 않을까. "그것은 말도 안 되는 말씀입니다. 효과도 없는 그런 일은 해서는 안 됩니다."라고 강력하게 주장하면, 물론 그 일을 하지 않게 되는 경우도 있겠지만, 지시를 내린 사람은 매우 불쾌해질 것이다. 직장 선배님 중의 한 분은 불합리한 지시의 경우, 2일 정도 지시를 수행하지 않다가 상사에게 가서 "아무리 생각해도 이런 부분으로 어려움이 있습니다. 재고 바랍니다."라고 정중하게 이야기하는 방법을 택했다고 한다.

상사도 사람이기에 전에 지시한 것과 정반대의 일을 지시하는 경우가 있다. 이 경우도 바로 면전에서 "지난번에는 이렇게 하라고 하고, 이번에는 반대로 이렇게 하라고 하면 어떻게 합니까?"라고 따질 수 있다. 지시

4 관계의 성패가 미래를 좌우한다

를 내린 상사가 잊을 수도 있지만, 대부분 기억한다. 미안하다는 이야기보다는 상황이 바뀌었다는 이야기밖에 듣지 못할 것이다. 심한 경우, "너 뭐하고 있는 거야!"하며 꾸중을 듣는다. 이보다는 왜? 무엇이 성과를 높이는 일인가? 고민하고, 어떤 일의 방법이 보다 옳다면, 그 방법에 대해 정중하게 이야기하는 방법이 보다 현명할 것이다.

상사를 무조건 존중하라.

상사의 의중을 파악하고 설득시키는 전지전능한 방법은 없다. 있다면, 상사를 상사로 인정하고 마음을 다해 존중하는 마음을 간직하는 것이 유일한 방법이다. 처음 직장 생활하면서 배운 교훈이 "어느 자리에 가서도 상사를 흉보지 마라. 그 상사가 더 좋은 자리로 이동하도록 헌신을 다해라"였다. 상사가 좋은 자리로 갈 때, 나에게 기회가 생기는 법이다.

매우 권위적인 상사가 있다고 하자. 지시밖에 모르고 모든 성과는 자신의 성과로 가져가며, 아래 직원에 대한 인정/칭찬과 멘토링, 성과 관리가 전혀 되지 않는 상사다. 비록 이런 모습이라 할지라도 관계를 매우 소중히 해야 한다. 이것도 하나의 수련이기 때문이다. 내 마음 속에 더 큰 상사의 모습을 간직하고 있다면, 상사의 모든 행동은 나의 배움이 될 것이다.

신입사원은 무엇으로 성장하는가

문제점이 아닌 대안을 제시한다

상사도 안다는 것을 항상 생각하라.

저녁 5시. 팀장이 급히 회의를 소집한다. 무슨 일이 일어날지 뻔히 안다. 또 본부장에게 긴급 지시를 받았고, 처리 담당자를 찾는 것이라 생각한다. 다들 회의장에 앉아 고개를 숙인다. 팀장이 "A이슈에 대해 내일 아침까지 본부장께서 보고하란다. 의견 있나요?" 다들 고개를 더 숙인다. 침묵이 흐른다. 팀장은 결국 김 부장을 응시하며 의견을 묻는다. 김 부장은 대안이라기보다는 의견을 말한다. 그리고 다른 사람을 쳐다본다. 시간은 흐르고 의견은 없다. 결국 서 과장이 합리적으로 이야기한다. 팀장은 기다렸다는 듯이 "서 과장, 좋은 의견이야, 내일 8시까지 준비해 줘" 한마디 하고 회의를 마친다. 모두가 내가 말 않고 참은 것이 잘했다는 표정이다.

신입사원 김철수 씨는 이런 회의 분위기가 너무 싫었다. 어느 날 용기를 내어 팀장을 찾아갔다. "팀장님, 우리 팀의 회의는 팀장님만 말씀하시고, 아무도 의견을 내지 않습니다. 의견을 낸 사람이 일을 한다면 누가 의견을 내겠습니까? 왜 꼭 저녁 5시에 업무가 떨어지나요?" 등의 문제점을 나열하며 개선해야 한다고 했다. 팀장은 가만히 듣다가 "김 철수 씨, 나도 그 문제점을 아는데, 좋은 대안 있나요?" 하며 물었다. 할 말을 잃었다. 문제만 알았지 대안은 없었던 것이다.

결국 대안을 찾는 것이 내 새로운 업무가 되었다.

상사는 따지는 사람을 싫어한다.

모든 상사들이 의견이 있으면 언제든지 이야기하라고 한다. 자신의 말이나 행동에 이견이 있으면 말하라고 한다. 내 방은 항상 열려 있다고 강조한다. 그러나 상사에게 대들라는 이야기가 아니다. 문제점만 이야기하는 사람은 바로 이렇게 대들고 따지는 사람이다. 문제점의 상당수 원인은 상사에게 있기 때문이다. 심한 경우 "나만 나가면 된다 이거지?" 수준까지 간다면 난처하기 그지없다. 건설적 제언이 중요하다. 무조건적인 비판이 되어서는 안된다. 상사도 사람이다. 뭔가 할 수 있는 계기를 주어야 한다. 생각하고 결정할 수 있는 길을 열어 줘야 한다. 문제를 제시했으니 이제부터 다 하라는 식이 되어서는 힘들다. 상사는 전지전능한 사람이 아니다. 담당자의 의견을 좀 더 영향력 있고 성과 있게 끌어올리는 사람이 되어야지, 하나에서 열까지 다 만드는 사람이 되어서도 안되며 될 수도 없다.

이일수 씨는 완고한 고집과 불같은 성격을 보유하고 있다. 한번 아니면 아닌 성격이었다. 어느 날 이일수 씨는 팀장과 큰 목소리로 다툰다. "그거 100% 안됩니다. 될 수 없는 것을 왜 시킵니까? 아니 안된다니까요. 이 방법으로는 실패합니다. 왜 이렇게 하셨나요? 무슨 근거로 이렇게 했습니까?" 온통 지적뿐이다. 결국은 팀장이 화를 내며, "이일수

신입사원은 무엇으로 성장하는가

씨, 그렇게 불만 많으면 이 일에서 빠지세요. 다른 담당자에게 지시 내리겠습니다."라고 말한다. 자신의 의견을 내는 여러 가지 방법이 있다. 중요한 것은 의견이 성과로 창출되어야 한다는 것과 상사가 기꺼이 수용하도록 가져가는 방법이다. 따지는 듯이 지적의 정도가 심해지면, 상사도 실망하고 화를 낼 것이다.

대안을 어떻게 마련할 것인가?

　신입사원으로서 가장 곤욕스러운 점은 보고서를 어떻게든 작성하여, 의사결정이 되도록 하는 일이다. 큰 그림을 그리라고 한다. 문제는 큰 그림이 뭔지 모르겠다는 점이다. '조직문화를 개선하라.'는 지시가 있었다면, 이를 어떻게 해야 하는가? 조직문화가 무엇인가? 무엇이 문제인가? 개선의 모습과 방향은 무엇인가? 어떤 방법이 이를 달성할 수 있겠는가? 언제까지 수행하며 점검/평가할 것인가? 지금 생각하면 수없이 중요한 이슈를 뽑을 수 있지만, 멍해진다. 아무 생각이 나지 않고 그저 옛날에 어떻게 했는가 자료를 찾게 된다. 깊게 고민을 해야 하지만, 뭐가 뭔지 방향도 전략도 없다. 원인도 모르니까 과정도 결과도 없다.

　대안을 마련하기 위해서는 담당하는 일의 History를 명확하게 인식하고 있어야 한다. 담당자로서 그 일이 언제부터 어떻게 실시되었고, 변천되었는가를 파악하고 있어야 한다.

　또한 부단히 책, 저널이나 전문가들을 만나 일의 트렌드와 주요 이

4 관계의 성패가 미래를 좌우한다

슈들을 인식하고 있어야 한다.

마지막으로 평소에 개선에 대한 명확한 생각을 갖고 있어야 한다. 일에 익숙하게 되면 개선은 이루어지기 어렵다. 사물을 볼 때, 뭔가 새롭게 하는 방안에 대해 고민하고 이를 습관화해야 한다. 보고 시에도, '이 일엔 이런 이슈가 있고 개선 방안으로는 이런 것들을 고려해 볼 수 있습니다.'하는 식으로 문제가 있으면 반드시 해결책이 있다고 내재화시켜야 한다.

일을 하면서 가능한 3개의 안을 만들고 그중에 하나를 선택하는 방법을 취하면 큰 도움이 된다. 항상 하나의 사안에 3개의 방안을 만들기 위해서는 연구하지 않을 수 없다. 이 중에 하나를 선택하다 보면 문제 파악과 문제해결능력 및 판단력이 향상된다. 결국은 전략적 의사결정을 하게 되는 셈이다.

자주, 빨리 그리고 정확하게

사소한 일이 긴급한 일이 되게 하지 마라.

홍 팀장은 회사 내에서 한 달 업무를 부여하는 사람으로 유명하다. 팀원들에게 한 달 해야 할 리스트를 받아 최종 완료일을 점검해 나간다.

신입사원은 무엇으로 성장하는가

홍 팀장의 업무 스타일은 크게 두 가지였다. 하나는 일을 창출하는 것이고, 다른 하나는 완료 시점에 완료한다는 점이었다. 팀 모든 사람이 누가 무슨 업무를 언제까지 해야 하는가를 양식에 적어 공유했기 때문에 일의 진척 사항을 전부 알 수 있었다.

팀의 김연수 사원은 일을 최대한 늦추어 하다 보니, 이전 팀장에게도 많은 지적을 받았다. 그는 중요한 하나의 과제에 집중하다 보니 자연 다른 과제가 늦어졌을 뿐이라고 이야기한다. 일의 중요성과 긴급성은 알고 있지만, 하나 이상의 업무를 동시에 처리하지 못하고, 시작한 일을 완벽하게 끝내야 하는 것이 성격이었다. 사소한 업무가 그날 처리되지 못했다. 20~30분 만에 처리할 수 있는 안건이었지만, 처리날짜를 넘기게 되다 보니 긴급한 업무가 되었다. 결국은 조직장에게 부담이 되어 돌아왔다. 이러한 업무가 발생 시, 조정의 어려움은 둘째치고 전체 업무에 큰 영향을 준다. 심한 경우, 나도 모르겠다는 패배주의가 확산된다.

자주 보고해라.

입사 2년 차인 김정민 씨는 조직장에게 일 잘한다고 소문이 나 있다.

사실 김정민 씨가 일을 잘하는 것은 일의 시작과 중간 단계가 남과 다른 부분에 있다. 김정민 씨는 자신이 하고 싶은 일이 있다면, 식사 시간이나 다소 분위기가 부드러운 곳에서 가볍게 이야기한다. "평소 이

4 관계의 성패가 미래를 좌우한다

런 부분에 문제의식을 가져 보았는데, 한번 검토해 볼까요?" 정도이다. 조직장은 대부분 그렇게 해 보라고 한다.

어느 정도 시간이 지난 후, "저번에 말씀드린 A건에 대해 기초 조사를 해 보니 이런 재미있는 이슈가 있네요."하며, 의미 있는 부분을 메모로 보고한다. 그러면서 이 부분은 좀 더 구체화하겠다고 이야기한다. 역시 그러라고 하면, 김정민 씨는 이번에는 좀 더 체계적인 보고 형식으로 기대 효과 부분을 강조해 이야기를 한다. 처음부터 들었기에 잘한다고 칭찬하게 된다. 이 후 몇 번의 중간보고를 거쳐 전체 이슈, 현황, 대안과 검토안 및 기대효과가 명확하게 정리된 보고서를 가져다준다. 이 보고서의 승인은 5분이 걸리지 않는다. 다 아는 내용이기 때문이다. 조직장에게 보고하는 수없이 많은 사람이 있다. 모든 보고를 다 기억할 수가 없다. 갑자기 자기 혼자 보고서를 다 작성해 와서 목적부터 10여 Page를 이야기하고 승인해 달라고 한다. 조직장 입장에서는 답답하다. 며칠 전, 아니 몇 시간 전이라도 사전에 검토할 시간이 있었다면 그토록 당황하지 않을 것이다. 지금 본 내용을 지금 승인해 달라고 해놓고, 나중에 보자고 하면 조직장 때문에 의사결정이 늦어진다고 한다.

\# 빨리 보고하라.

3개월 차인 오진수 씨는 전임자가 작성한 중장기 전략 보고서를 분실했다. 대외비 보고서였으며, CEO의 수정된 메모가 포함된 결재가 되

신입사원은 무엇으로 성장하는가

어 있는 원본이었다. 당황한 오진수 씨는 일단 분실 사실을 이야기하지 않고, 주변을 찾기 시작했다. 며칠 후 서류를 찾는 일도 다른 바쁜 업무 때문에 잊고 있었는데, 비서실에서 중장기 보고서를 찾는다. 팀장이 오진수 씨를 불렀을 때, 오진수 씨가 할 수 있는 일은 "죄송합니다."밖에 없었다. 팀장도 답답하긴 마찬가지였다. CEO가 수정한 내용을 대충은 알 수 있었지만, 정확하게 알 수는 없었다. 수정 전 원본을 갖고 올라가 고개 숙일 수밖에 없었다. 잊은 순간에 보고했다면, 기억을 되살릴 수 있었을 것이다. 다시 결재를 받을 수 있었을 것이다. 분실에 따른 사후 대책도 마련할 수 있었을 것이다. 만약 그 보고서가 경쟁사에 전달되었다면 치명적일 것이다.

외부 활동을 하다 보면 회사와 관련된 이야기를 듣게 된다. 회사의 제품이나 서비스 또는 사람에 대해 삼성은 바로 정리하고 보고하여 중요 이슈에 대해서는 대책을 수립한다. 먼저 알고 대처하는 것과 나중에 뒷수습하는 것은 큰 차이가 있다. 일을 잘하는 사람은 Proactive하다. 현상을 있는 그대로 빠르게 보고한다.

정확하게 보고한다.

최고경영자인 김 사장은 임원들의 보고에 얼굴을 찡그린다. 임원이면서도 보고 시, 내용이 장황하고 도무지 이슈가 무엇인지 판단하기 힘들다. 답답한 심정에 교육팀에 전화하여 '임원 프레젠테이션 과정'

을 개설하고 전 임원을 발표하게 하였다. 발표 전체를 비디오 촬영하여 전문가에게 컨설팅을 의뢰했다. 한 명씩 피드백을 해 주라고 했다. 잘한 사례와 잘못된 사례를 엄선하여 임원회의 시 비교하게 했다.

　김 사장은 향후 모든 발표를 사원이 하지 말고 임원이 하라고 했다. 이는 회사 내에 큰 자극으로 전달되었다. 임원들이 CEO 앞에서 발표하게 됨에 따라 회사 내에 보고방법의 개선이 일어났다. 입사 1년 차인 곽민지 씨는 프레젠테이션의 귀재이다. 평소 학교 설명회는 민지 씨가 주로 담당했다고 한다. 민지 씨가 처음부터 발표를 잘한 것은 아니다. 그녀도 대학 1년 차 때에 발표가 엉성하여 선배와 동료로부터 큰 자극을 받았다고 한다. 그녀는 파워포인트를 작성하고, 잘하는 선배의 발표를 듣고 자문했으며, 몇 번의 연습과 연습을 거듭한 끝에 지금과 같이 잘한다는 소리를 듣게 되었다고 한다. 발표순서, 시선 처리, 손동작, 음성, 내용의 전달 방법, 중간에 유머까지 시나리오를 짜고 발표에 임한다고 한다. 발표하기 전에 전체를 머릿속에 그리고 연습을 한다고 한다. 곽민지 씨는 발표의 핵심은 정확성에 있다고 한다. 파워포인트 한 장에 하나의 메시지를 정확하게 표현하고, 이를 정확하게 전달해야 한다고 한다. 본질에 충실해야지 주변을 강조해서는 안된다고 한다.

　왜곡된 보고를 하는 경우도 있다. 물론 거짓보고는 징계되어야 마땅하다. 보고 시 숫자, 객관적 사실에 약간의 허풍을 더하는 경우가 있다. 또한 "경쟁사는 향후 A사업을~할 것 같습니다."라고 보고하기도 한다. 곤란한 점은 이를 기초로 의사결정이 되는 경우이다. 조그마한 자료

신입사원은 무엇으로 성장하는가

오류가 큰 실패를 가져온 경우는 매우 많다.

나는 마감기한을 묻지 않았다

최대한 일정을 당겨라.

언제까지 할까요?

급히 본부장실에 들어가 업무를 지시받고 나와, 작년에 발탁된 김 과장을 찾았다. 김 과장에게 "본부장님께서 현재 인력을 분석하고 중장기 인력 운영계획을 수립하라"고 했다. 김 과장에게 인력의 직위, 연령, 근속, 직무별 수행기간을 본부별로 작성하고, 본부별 향후 3년의 사업 전략을 바탕으로 중장기 인력 운영계획을 작성해 보라고 지시했다. 해야 할 일이 무엇인가 감은 있지만, 처음 해보는 방대한 일이었다. 김 과장은 일을 하면서 단 한 번도 "언제까지 이것을 끝낼까요?"를 묻지 않았다. 자신에게 주어진 일은 다 중요하고 급한 일임을 깨닫고 매일매일 진척사항을 보고했고, 수정해 나갔다. 본부 담당자의 지원을 받아 초안을 1주일 만에 작성할 수 있었다. 초안을 중심으로 2~3번의 보고를 통해 본부장에게 구체적으로 더 필요한 자료를 보완해 주는 수준으로 업무를 마무리할 수 있었다. 요즘 입사하는 신입사원들은 업무 지

181

시가 끝나자마자 "언제까지 할까요?"를 묻는다. 물론 마감 일자를 분명하게 가져가는 것이 바람직하다. 그러나 모든 업무에 "언제까지 할까요?"를 듣다 보면 수동적인 사람으로 비쳐진다. 마치 지시한 일만 하겠다는 느낌이 든다. 어느 때는 "가능한 빨리 해 달라."고 한다. 가능한 빨리 같이 애매한 말도 없다. 이러면 "예, 알았습니다." 한다.

나의 마감기한은 상사가 "이렇게 빨리?"라고 놀라는 순간이다.

대부분의 사무실은 팀장이 창가 중앙에 앞을 보며 앉아 있고, 각자 칸막이가 되어 좌우로 등지고 근무한다. 팀장은 팀원들이 PC를 보며 뭔가 열심히 일하는 모습이 보인다. 사실 무엇을 하는지는 가까이 가기 전에는 모른다. 지시 사항을 자신이 한다면 4시간 정도 소요되는 일이 있다. 오전에 일을 지시했다면, 오후에는 보고가 되길 기대한다. 퇴근이 한두 시간 남은 시점에는 왠지 불안해지고 궁금해진다. "김영철 씨, 아침에 부탁한 일 어떻게 되어 가나요?"하고 묻는다. "어~ 그 일, 내일 하려고 하는데요."이 소리를 들으면 황당해진다. "그 일 매우 급한 일이었는데, 아직 안 했어요?" 이미 늦은 일이다. 구체적으로 내일 아침 8시까지 보자고 하거나, 팀장 본인이 스스로 그 일을 처리하는 가장 못난 모습을 보인다. 이런 팀원이 대부분이면 답답해진다. 지시 내용보다는 처리 시간을 정해주는 일이 더 중요하다. 사사건건이 팀원들 일하는 것을 모니터링하는 팀장이 될 수도 있다. 김 과장은 신입사원 때, 멘토인 선배에게서 일의 수명과 보고에 대해 이렇게 교육받았다.

신입사원은 무엇으로 성장하는가

"일을 지시받을 때는 그 일이 뭐든 가장 소중하고 긴급하다고 생각해라. 그리고 조직장 자신이 했을 때보다 더 완벽하게 일을 처리해라. 마지막으로 일의 보고는 조직장이 '이렇게 빨리'라고 느끼도록 끝내라"

일은 성과를 고민하고 처리하라.

무조건 빠르다고 능사는 아니다.

입사 6개월인 김성철 씨를 보면 불안하다. 김성철 씨는 시원시원하며 매우 긍정적인 반면 깊은 고민을 하지 않는 성격이다. 일을 지시하면 항상 "예, 알았습니다."이다. 얼마 지나지 않아 일이 다 되었다고 가져 온다. 대체 무슨 지시를 받았는지 묻고 싶다. 아니 지시를 할 때 멘토를 함께 부르지 않은 것이 후회될 정도이다. 지시 사항을 다시 설명하고 이런 방향에서 이런 자료를 찾아 이렇게 작성해 달라고 요청한다. 또 "예, 알았습니다."이다. 얼마 후 가져온 보고서에는 지시된 자료만 분석되어 정리되어 있다. 새롭게 고민한 흔적이 없다. 작년 보고서에 금년 자료가 포함된 수준이다. 얻고자 하는 바는 달성될 수 있으나 개선되거나 새로운 가치를 창출할 내용은 없다. 마감시간은 달성될 수 있을지 모르지만, 사실 마감시간까지 일한 것 자체가 아깝다는 생각도 든다. 6개월이 지났으면 지시받은 사안에 대해 좀 더 가치를 부여할 방법을 모색해야 한다. 나아가 이를 구두 또는 메모 보고를 통해 방향을 잡고 구체화해야 한다. 마감시간도 중요하지만, 더 중요한 것은 그 일을 통해 창출하는 성과이다. 보다 높은 성과를 내포한 결과물을 조직 장이 예상한 기한 앞에 제시하는 사람이 일을 잘하는 사람이다.

김 과장의 원칙은 '수명받은 모든 일은 중요하고 긴급하다. 상사가 놀랄 만큼 신속하게 보고한다.'이다. 자신만의 원칙이 있다면 그 어떠한 일도 소홀히 하지 않는다. 누구에게나 일의 경중이 있다. 사소한 지시를 받았을 때, 자신이 하고 있는 일이 더 중요한 일이라면 다음에 한다고 미뤄 놓는다. 이 미룬 일을 어느 경우 잊게 될 수도 있다. 신뢰가 깨어질 가능성도 있다. 모든 일이 중요하고 긴급하다고 생각한다면, 상사가 지시한 사소한 일을 더 빨리 처리하여 바로 보고하는 방법이 바람직할 수도 있다. 그렇지 않다면, 자신의 수첩에 기록하여 놓치는 일이 없도록 해야 한다. '그날 지시받은 사항은 그날 처리한다. 만약 처리되지 않은 사항에 대해서는 당일 미결업무로 처리하여 상사에게 언제까지 하겠다고 보고한다.'도 좋은 원칙이다. 상사는 사소한 일이라도 아래 직원이 자신에게 자문을 구하거나 열정을 갖고 일에 임하는 모습을 대견해 한다.

2 : 연구모임을 만들다

꿈과 가치를 공유하다

\# 연구 동아리를 만들어라.

대학생이 되면 공부하는 동아리를 만들어 함께 배움을 나눈다. 고등학교까지는 과목별 주어진 학습 내용이 유사하다. 그러나 대학에 들어가면 스스로 공부해야 하는 것에 대한 두려움과 갈등이 있다. 범위도 범위지만, 리포트에 대한 부담도 크다. 이러한 이유에서인지 몰라도 서로 공부 동아리를 만들어 공유한다.

직장에 입사하면 동기는 많은데, 직무가 다 다르다. 함께 공부하는 모임을 만들기에는 적절하지 않다. 자연스럽게 팀의 선배 또는 기존의 자료에 의존하여 일을 처리하게 된다. 일이 제자리를 걷는 이유이기도 하다.

지금은 재무 담당 임원이 된 김형균 상무는 신입사원 시절 처음 외환업무를 담당하게 되었다. 당시 담당 임원은 그에게 별도 지시를 주었다. 어느 날 4명의 외부 지인과 관계를 이끌어 가라는 내용이었다. 재정경제부의 담당 사무관, A대학의 전임강사, B은행의 행원 그리고 C신문의 기자였다. 제조업에 근무한 김형균 씨는 회사 이익의 큰 부분이 환율에 의해 좌우됨을 잘 알고 있었다. 금번 만남이 자신의 업무를 수행하는 데 큰 도움이 될 것이라 확신했다. 그래서 생각한 것이 외환관리연구회이다. 4명뿐만 아닌 금융계, 학계, 정부기관의 20~30대의 관심 있는 사람들을 끌어 모았다. 월 1회 세미나를 개최하고, 주제 발표는 직접 전문가를 초빙하여 실시하였다. 전문가를 찾아가 취지를 설명하고 배우려는 사람들에게 도움을 달라는 요청을 하여 강사료 없이 진행했다. 초청강사들은 자문위원으로 촉탁하여 네트워크를 키워 갔다. 20년이 지난 지금, 초기 멤버들은 자신의 직장에서 중요한 네트워크로, 의사결정을 하는 데 큰 영향을 준다고 한다. 연구모임을 결성하여 부족한 전문성을 강화하고 외부 전문가와의 네트워크도 맺게 되었다고 한다.

신입사원은 무엇으로 성장하는가

열정을 나누어라.

　내부 인력이 아닌 외부 인력으로 구성된 모임이 지속적으로 유지되기 위해서는 몇 가지 비결이 있다. 첫째, 유익해야 한다. 그 모임에 참석하지 않으면 지식이나 정보에 있어 큰 손실이 있거나, 개인 관계가 밀접하여 참석하지 못하면 안될 때는 본인의 일정에 가장 중요하게 표시한다. 둘째, 재미있어야 한다. 그 모임만 가면 너무나 재미있어서 저절로 발길이 가도록 만들어야 한다. 셋째, 그 모임에 열정적인 총무나 회장이 있는 경우이다. 메일 보내고 전화하고 필요하면 찾아와 참석을 요청하면 참석 안 하기가 쉽지 않다. 물론 3가지가 다 갖춰져 있다면 금상첨화이다. 그러나 이 중에 중요한 하나를 뽑으라 하면 단연 셋째이다. 담당자의 열정을 보고 모임의 구성원들은 소속감을 느끼게 된다.

사내 연구모임에 적극 동참하라.

　지식경영KM 활성화 측면에서 학습 CoPCommunity of Practice를 운영하는 회사가 증가하고 있다. 구성원들의 지식을 정리하여 축적하고, 관련 참석자들이 주제별로 토론하며 지식의 수준을 높여 나간다. 이러한 사내 학습 CoP에 참석하면 그 분야 지식의 동향이나 사례를 배울 수 있는 장점이 있다. 그리고 일을 하면서 경험한 애로사항이나 이슈들을 간접적으로 들을 수 있다. 나아가 참석자와의 자연스런 만남을 통해 폭넓

4 관계의 성패가 미래를 좌우한다

은 대화를 나눌 수 있게 된다.

입사 1년 차인 최인명 씨는 학습 CoP의 전도사이다. 그의 학습 CoP가 지식의 축적과 활용의 단계를 넘어 '나눔을 통한 커뮤니케이션과 가치 증대'라는 회사의 변화 혁신을 이끌어 가고 있다. 대학에서 배운 지식을 기반으로 학습 CoP 프로그램을 구축했다. CoP 방에 여러 좋은 내용의 자료를 올려놓았다. 우수 학습 CoP에 대해서는 전사적으로 홍보하고 시상을 추진했다. 지식전문가를 선정하여 학습 CoP 구축과 확산을 도모해 나갔다. 이 회사는 자신의 지식을 누구와 나누는 것을 매우 꺼리는 문화였다. 최인명 씨의 노력으로 인해 학습 CoP의 내용이 업무에 실질적인 도움을 주게 되자, 한 명씩 한 명씩 동참하게 되었다. 이제 최인명 씨는 회사 내 모르는 사람이 없게 되었고 나눔을 통해 열린 마음을 이끈 공로로 모범사원에 추천되었다.

가능한 한 총무가 되어라.

총무는 모임을 구성하고, 알리며, 정리하는 역할을 수행한다. 바쁜 생활 중에 자신의 시간을 쪼개야 한다. 본 업무와는 동떨어진 모임의 총무인 경우에는 조직장과 동료의 눈치를 보며 일을 추진해야 한다. 총무에게 주어지는 혜택이 없다. 사실 회비를 제외시켜 주거나, 상석에 앉는 것도 아니다.

그러나 총무가 되면 너무나 큰 이점이 있다.

첫째, 회원 모두의 연락처와 현황을 꿰뚫게 된다. 모든 연락을 하다 보니, 회원들과 자연스런 대화가 이루어진다.

둘째, 자신의 일정에 맞추어 모임 개최 등을 관리해 나갈 수 있다. 회장단과의 협의를 통해 일정이 확정되지만, 1차적으로 모임 날짜를 정하는 사람은 총무이다.

셋째, 회원들에게 항상 마음의 빚을 갖게 한다. 남이 나를 위해 그 무엇을 해 주게 되면 미안함과 고마움을 간직하게 된다. 총무의 연락을 받고 참석하여 많은 고마움을 받게 되면 총무의 부탁에 대해 가능한 한 수용하게 된다.

넷째, 회원들과 좋은 신뢰를 구축할 수 있다. 신입사원이라면, 총무를 함으로써 참석자와 좀 더 빠른 관계를 형성할 수 있다. 큰 어려움 없이 마음을 열고 부탁을 할 수 있게 된다.

꿈과 핵심가치를 공유하다.

먼저 비전, 역할의 수립과 실천이 중요하다.

어느 회사의 비전은 "업계 최고가 되자."다. 구성원들이 일을 함에 있어 업계 최고가 되어 회사 및 개인의 가치를 높이고 지속성장을 이루자는 차원에서 제정되었다. 업계 최고가 되기 위해 현재 최고 수준의 회사와의 차이를 분석하고, 전략을 수립하여 단계별 추진계획을 세웠다고 하자. 이를 추진하기 위해 회사가 공유 운동을 벌이고, 추진을 점검하는 시스템을 개발하며, 경영진부터 달성하기 위해 솔선수범한다면 회사의 모습은 어떻게 변화될까? 우선 없는 기업에 비해 목표가 생긴 것이다. 목표 그 자체가 갖는 중요성을 모르는 사람은 없을 것이다. 구성원에게 달성하겠다는 불씨를 심어 주었기에 모르긴 해도 이 회사는 업계 최고의 수준이 되었거나, 다가서고 있을 것이다.

도요타 자동차가 세계 자동차 시장의 1위가 될 수 있게 해준 것은 2001년 그들이 세운 '2010년까지 GM을 따라 잡자.'라는 그들의 비전이라고 해도 과언이 아니다.

반대의 경우를 생각해 보자. '회사가 업계 최고가 되자.'라는 비전을 정해 놓고, 구성원들에게만 강요하고, 경영자는 나 몰라라 방치한다면, 이 회사의 모습은 어떻게 되겠는가? 불신만 더욱 쌓일 것이다.

개인도 마찬가지이다. 내가 90살까지 산다면, 나의 인생은 크게 3단계로 나누어 볼 수 있다. 인생의 1단계는 30세까지로 이때 내가 가장 많이 하는 일은 공부다. 공부를 하는 이유는 당연 인생의 2단계를 남보다 의미 있게, 잘 살기 위해서 아닐까? 인생의 2단계는 60세까지이다. 이 단계는 직장에서의 일과 가정에서의 결혼생활이 중심이다. 일과 결혼생활은 나를 행복하게 해 준다. 이 단계에서 사람들은 몰입하게 되어 대부분의 사람들이 인생의 3단계인 90살까지 어떻게 살 것인가에 대한 준비를 하지 못한다. 90살까지의 비전과 이 비전을 달성하기 위한 가치를 내재화하는 것은 매우 중요하다.

신입사원은 무엇으로 성장하는가

핵심가치를 공유해라.

1980년대 이전에는 '전략이 회사의 미래를 이끈다.'가 경영인에게는 정설로 알려져 왔다. 미래의 바람직한 모습을 설정해 놓고, 현재와의 Gap을 분석한다. 이를 바탕으로 중장기 전략을 수립하고 연도별 Road map을 그려 실천하면 회사는 성장한다고 생각했다. 그만큼 경영환경이 안정적이고 공급자 중심의 시장이었다.

현재의 초우량기업은 성공의 중심에 사람이 있다. 그 사람들을 이끄는 것이 바로 비전과 핵심가치이며, 이를 공유하는 기업문화를 강조하고 있다.

가치의 공유는 구성원의 무한한 에너지를 한곳으로 집약시킬 수 있는 만큼 큰 의미를 갖는다. GE의 4행동과 8가치, IBM의 10가치, 도요타의 5가치, 삼성의 5가치는 채용, 교육과 평가에 이르기까지 구성원에게 공유되고 실천되어진다.

맥도날드의 Core Value는 '품질, 봉사, 청결, 가치'이다. 맥도날드에서 일한 사람들은 "청결함을 유지하는 일은 매우 중요하다. 할 일이 없어 쉬고 있던 적이 없다. 뭔가를 씻거나 닦고 있다."라고 이야기한다. 이 공유된 가치가 전 세계 맥도날드를 초우량기업으로 끌어올린 평가기준이 된다.

4 관계의 성패가 미래를 좌우한다

어떻게 비전과 가치를 공유하고 실천하게 만들 것인가?

대부분의 회사는 비전과 가치를 경영층이 액자를 만들어 층마다 붙여 놓고, 구성원에게 강조한다. 어느 회사는 책자로 만들어 모든 교육에 포함하기도 하고, 어느 기업은 회의 때마다 외치게도 한다.

그렇다고 구성원들이 회사의 비전과 가치를 가슴에 담았다고 볼 수는 없다. 진정한 공유는 행하는 것이다.

구성원이 행동하게 하기 위해서는 '내가 무엇을 해야 하는가 목표를 세우는 것'만으로는 부족하다. 이 목표가 얼마나 중요한가를 이해해야 한다. 양이 아닌 질의 문제이다. 중요하다는 것을 어떻게 이해하게 할 것인가? 가슴에서 진정 받아들이기 위해서는 7번이 아닌 7번을 70번해도 부족하다. 보다 바람직한 행동이 나타날 때까지 이야기하고 또 이야기하고 설득하고 조언하고 이끌어야 한다. 한순간 가슴 뭉클하게 하는 그 무엇으로 구성원을 불타게 해야 한다. 구성원이 교육과 강요에 의해 똑같은 대답을 할 수 있다. 그러나 그들이 행하기 위해서는 그 일이 얼마나 중요한가를 알고, 일을 통한 감동을 받아야 한다.

직장생활이 처음인 신입사원의 경우, 비전과 가치를 내재화하기보다는 조직에 순응하는 것이 우선이라고 생각한다. 또한 머리가 굳은 리더는 조직 속에서 비전과 가치가 얼마나 중요한지를 깨닫지 못한다. 엘리베이터 안에서 경영자가 갑자기 교육을 담당하는 직원에게 "당신의 비전이 무엇이냐."고 물었을 때, "예, 제 비전은 우리 회사의 구성원이 회사에 근무하는 것이 자랑스럽고, 나날이 성장하고 있다고 이야기하도록 만드는 것입니다."라고 했다면, 그 회사의 교육은 살아 숨 쉴 것이다. 지속 성장하는 기업은 비전과 가치를 전 구성원에게 공유하여 가슴을 뛰게 만든다. KT&G는 비전과 가치체계를 공유하기 위해 교육, 회의, 채용, 평가제도에 반영하여 실시하게 한다. 인트라넷 게시판에 지속적으로 강조한다. 회사가 주는 포상도 조직 가치를 잘 수행한 사람에게만 주어진다. 공유하여 내재화시키는 것이 실천이라고 생각한다.

나 혼자 길을 걷기란 매우 힘들고 외롭다. 나와 목표가 동일하고 생각이 같은 사람이 함께 길을 걷는다면 좀 더 즐거울 것이다. 이런 사람들이 한둘이 아니고 전체라면 그 길은 더 이상 외롭고 힘들지 않다. 걷는 것 자체가 즐겁지 않을까?

너, 그러면 안 되잖아

직장생활의 처음과 끝이 보고이며, 보고의 많은 부분은 문서라고 해도 과언이 아니다. 86년 처음 직장생활을 시작했을 때에는 PC가 보급되지 않았다. 본부장 이상 올라가는 문서는 타자를 치고, 담당 임원까지는 손으로 써서 결재를 올렸다.

'가능한 모든 명사는 한자로 하라'는 대표이사의 지시가 있었다. 사원 승격 품의, 교육 실시 및 결과 보고, 특이사항 보고 등 문서를 작성할 때면 한글과 한자의 크기가 다르고, 글씨가 고르지 못해 매번 다시 작성해 가야만 했다. 선배님들이 작성한 품의서는 예술이었다. 첫 한 달 동안은 퇴근하지 못하고 사무실에서 한자 연습을 했다. 학교 다닐 때, 한자를 배우지 않아 그 어려움은 말로 표현할 수 없었다. 세상에 왜 그렇게 이름은 어려운 한자를 사용한 직원이 많은지 원망도 많았다. 한 달이 지나자 어느 정도 한글과 한자의 높이가 동일하게 되었다.

문서 작성에 어느 정도 자신이 생겼을 때의 일이다. 과장님이 계속 품의서를 던진다. 한 번도 아니고 서너 번을 계속 줄을 긋고 아무 말씀도 없다. 요즘은 PC로 수정하면 되지만, 그 당시는 손으로 써서 구겨지거나 찢어지면 처음부터 재작성해야 한다. 세 번째 쓸 때는 화부터 났다. 무엇이 잘못되었다고 말해 주면 안 되나? 두세 번 읽어 봤지만, 특별히 잘못된 부분이 없었다. 다섯 번 올렸을 때, 불렀다. "문서에 정성이 없어요. 이제 문서에 혼이 심겨질 시기인데, 열정이 느껴지지 않아요. 그러면 안 되잖아요. 그리고 5번을 재 작성했는데 오탈자가 있네요. 숫자가 다르거나 오탈자가 하나라도 있으면, 이미 죽은 문서라고 생각하세요." 열정을 심어라, 죽은 문서라는 말이 귓가를 떠나지 않았다. 선배들이 작성한 글을 읽고, 살아있는 문서는 '내가 이 일을 기필코 해내고 말겠다.'는 의지를 담아야 함을 배웠다. 내가 작성한 문서에는 오탈자 및 잘못된 숫자가 없는 것은 당연하였다.

너, 그러면 안 되잖아.

대리 승진인사가 있었다. 회사의 승진 제도는 대리와 부장 심사를 매우 엄격하게 하고 있었다. 대리는 회사와 개인에게 직업에 대해 깊게 생각해 보는 기회를 주는 허들의 의미였다. 이 회사, 이 직무가 나에게 맞지 않는다면 의사결정을 하여 머물거나 떠나라는 의미이다. 입사한 지 3~4년 차에 대리 승진을 하게 된다. 회사 입장에서는 이제 제 몫을 해 주는 인력이기 때문에 매우 중요하다. 만약 제 몫을 못하는 사람들은 대리 승진에서 누락시키고 부서나 직무를 바꿀 기회를 준다. 개인 입장에서도 더 늦기 전에 다른 회사를 찾으라고 간접적 메시지를 준다.

대리 승진에 떨어진 김우진 씨는 만취가 된 상태로 사무실에 들어왔다.

4 관계의 성패가 미래를 좌우한다

면담을 요청하며 "내가 뭐 그렇게 잘못을 했습니까? 퇴직하면 됩니까? 그냥은 못 나가겠습니다." 제정신도 아니고 반 협박이었다. 대화가 되지 않을 듯했다. 내일 맑은 정신으로 다시 이야기하자고 하며 가까스로 차를 태워 집으로 보냈다. 다음 날 역시 풀이 죽어 있다. 아무 일도 하려고 하지 않는다. 회의실로 불러 "너, 이렇게 행동하기 위해 이 회사에 입사했니? 이것이 너의 본모습이냐? 너, 이러면 안 되잖아." 호통을 쳤다. 승진에서 떨어질 수 있다. 장기 연수나 핵심인재 선발에 내가 포함되지 않을 수 있다. 나는 열심히 했지만, 회사의 공로사원이나 모범사원 후보에서 떨어질 수 있다. 그때마다 된 사람을 인정하고 칭찬해 주지 못하고, 안된 자신을 학대하고 불평불만을 토로한다면 곤란하다. 더 나아가 회사에 출근을 하지 않거나, 상사에게 대들 듯 이야기하는 것은 더 곤란하다. 기회를 다시 만들고 성취하도록 마음을 가다듬어야 한다. 자신이 무엇이 강점이고 약점인가를 인식하고 실적을 창출하도록 더 노력해야 한다. 상사나 선배가 "너, 그러면 안 되잖아." 호통을 치면 나에게 올 기회를 스스로 박차는 것이다.

실패를 기억하고 성공을 이끌어라.

잘못을 저지르지 않는 사람이 있을까? 존경하는 CEO도 실수를 한다. 물론 적극적인 의사 결정이나 도전적인 과제를 수행하지 않고, 지금껏 해온 일만 한다면 잘못을 저지르지 않을 가능성도 있다. 그러나 이렇게 생활하다 보면 "너, 그러면 안 되잖아." 소리를 또 듣게 된다. 이런 소리는 한 번이면 족하다. 이제 자신의 직무를 고민하고 연구해서 새로운 제도 또는 제안을 만들어 나가야 한다.

실패를 실패로 묻어 두지 않고 실패를 사례화하여 교훈으로 가져가야 한다.

실패를 실패로 묻어 두거나, 다가올 위기를 단순히 고민만 하고 적극적으로 준비하지 않는다면, 이제는 더 이상 회사와 구성원과 함께할 수 없다. 동서고금을 통해 역사의 많은 위대한 영웅들은 실패를 실패로 끝내지 않았다. 실패를 교훈 삼아 제2, 제3의 대책을 준비하여 다가오는 위기를 빠르게 파악하고 대처하여 성공으로 이끌었다. 신입사원들에게 필요한 것은 실패를 실패로 끝내는 것이 아닌, 이 속에서 교훈을 얻고, 이를 통해 더 큰 성과를 가져가는 지혜이다.

경쟁자이면서 동반자가 되다

경쟁력을 키워주는 회사가 좋은 회사이다.

신입사원 입문교육을 받다 보면, 어느 순간 하나가 된다. 고락을 함께하다 보니 마음을 열게 되고 친구가 된다. 교육 후 배치를 받아 각 부서에서 맡은 바 일을 하면서 누구는 빨리 승진하고, 누구는 장기 연수 대상자가 되기도 한다. 직위가 올라갈수록 동기 간 경쟁이 더 심해진다. 한 순간 동기가 동반자인지 경쟁자인지 구분이 어렵게 되는 경우도 많다.

친목을 강조하는 회사가 있다. 모든 의사결정은 합의에 의한 만장일치이다. 그 회사의 저녁문화는 화려하다. 회사 주위 음식점에는 서로 술잔을 나누며 회사 이야기로 꽃을 피운다. 팀 단위, 본부 단위의 행사도 많다. 이런 모임과 행사에 빠져서는 안된다고 다들 생각한다. 모든 모임과 행사는 항상 100% 참석이다.

경쟁을 강조하는 회사가 있다. 이 회사의 신입사원 입문교육은 처음부터 경쟁이다. 대부분의 교육 내용이 경쟁을 통한 성취이다. 승부가 가려지고 1등 한 팀에게는 금장과 상품을 나눠 준다. 2등 이하는 아무 것도 없다. 배치 후에도 모든 것이 경쟁이다. 먼저 제안을 하고 승인을 받아 추진한다. 선 대표이사 결재 후 관련자와의 협의이다. 별도의 술 문화도 없다. 구성원들은 자신의 가치를 더 높이기 위해 노력한다. 10년 후를 바라보면, 어느 회사의 누가 더 시장 가치가 높겠는가? 조직과 사람의 경쟁력을 키워 주는 회사가 좋은 회사 아니겠는가?

경쟁의 원천/누구와 경쟁하는가?

처음 배치 받은 조직의 장이 누구냐에 따라 내 인생이 달라진다고 한다. 첫 상사가 매우 온정적이고 '좋은 것이 좋은 거야.'라고 행동한다

신입사원은 무엇으로 성장하는가

면, 이 밑의 신입사원은 몸은 편해도 3년만 지나면 갈 곳이 없게 된다. 첫 상사가 혹독하게 일을 시키고, 다양한 방안을 찾도록 고민하게 하고, 전보다 나은 성과를 창출하는 무서운 사람이라면, 3년 후 나의 역량은 크게 향상되어 있을 것이다. 결국은 상사다. 회사는 신입사원부터 구성원을 어디에 내놔도 부끄럽지 않게 만들려고 노력하는 리더를 만들어야 한다. 어떤 신입사원이 어느 조직에 배치되어도 그 분야 최고의 전문가가 리더가 되도록 해야 한다. 사람이 아닌 직무를 통한 경쟁이 되도록 이끌어야 한다. 내가 담당하는 분야에서는 외부 시장의 교수, 연구원, 담당 공무원들과 토론하더라도 당당히 기업 입장을 대변하고, 유리한 결론을 도출해야 한다. 내부의 다른 직무를 하는 직원이 경쟁자가 아니라 외부에서 나와 같은 업무를 하는 사람이 경쟁자가 되어야 한다.

경쟁력을 높이기 위해 무엇을 해야 하는가?

첫째, 회사가 나에게 무엇을 기대하는지 알고 있어야 한다.

회사가 기대하는 것을 알고 일하는 것과 내가 하고 있는 일이 회사에 어떤 도움이 되는지 모르고 일하는 것은 큰 차이가 있다. 설문을 하면 90% 이상이 나는 회사에서 나에게 기대하는 것을 알고 있다고 한다. 그러나 "직무의 본질 또는 그 일을 통해 얻고자 하는 것이 무엇이냐?"고 물어보면 묵묵부답이다.

4 관계의 성패가 미래를 좌우한다

내가 하고 있는 일이 무엇이며, 어떻게 수행해야 성과가 높은가를 알아야 한다. 또한, 내 일이 타인의 일과 어떻게 연관되어 있는가를 분명히 알고 있어야 한다.

둘째, 일에 재미를 붙여야 한다. 내가 좋아하는 일을 할 때 당연히 성과가 좋다. 문제는 회사 일 모두가 즐겁지만은 않다는 점이다. 즐겁지 않은 일에 의미를 부여하여 재미있다고 느끼게 만들어야 한다. 궁극적으로는 이 일을 한 단계 높은 가치를 창출하는 일로 만들어 가야 한다.

셋째, 업무 성과에 대해 관심을 갖고 주기적으로 피드백을 받아야 한다.

어느 조사에서 "능력을 펼칠 기회가 있다."에 상위 25%에 속하는 조직의 수익성이 하위 25%의 조직보다 평균 15%나 높게 나왔다. 나는 업무 성과가 높다고 생각하고, 주위 상사나 선배에게 일의 성과에 대해 이야기하고 개선이나 조언을 받는다면 다른 차원에서 일의 성과를 창출하고 나의 능력을 높일 수 있다.

넷째, '내 뒤에서 나를 성장시키는 사람'이 있도록 만드는 것이다.

어느 날, 내 마음이 너무나 힘들고 외로울 때, 전화하여 소주 한 잔 하면서 나의 어깨를 두드려 줄 수 있는 사람이 있다면 얼마나 행복한 사람이겠는가? 나의 성장을 위해 멘토를 부탁하거나, 직장 선배 또는 동기와의 정기적인 모니터링을 가져간다면, 전보다 나은 나를 발견하게 될 것이다.

신입사원은 무엇으로 성장하는가

두 경영자가 있다. 한 명은 사장이며 한 명은 부사장이다. 둘은 한 부서의 선후배로 만나 선배가 항상 2년 정도 앞서 나갔다. 후배는 선배의 가르침을 100% 이상 달성하며 항상 선배를 긴장하게 했다. 부장 승진도 2년 차이, 상무 승진도 2년 차이, 전무와 부사장 승진도 2년 차이였다. 후배는 대부분 선배 조직의 후임으로 갔다. 선배가 이룩한 조직 운영의 원칙을 변경한 적이 없다. 그 원칙을 위해 새로운 가치를 창출했다. 어느 날, 후배가 지방 사업장의 책임자로 발령 났을 때, 선배는 후배인 부사장에게 "너가 없었다면, 나는 이렇게 올라올 수 없었다."고 고백한다. 후배는 "선배님이 계셨고, 길을 닦아 놓아 저는 편안히 걷기만 했습니다. 이제 새로운 길을 걸어가려고 하니 긴장이 됩니다. 많은 관심 부탁드립니다." 그들은 30년 지기라고 한다. 마음을 나누는 관계라고 한다.

서로 칭찬하고 잘못도 나누어라.

한 임원을 질책하는 CEO의 이야기를 들은 적이 있다. 그 임원은 부하 직원과의 갈등으로 인해 1년에 단 한 번도 저녁 식사를 함께 해 본 적이 없다고 한다. CEO는 그 임원을 호되게 나무라면서 "내가 당신에 대해 좋은 감정을 갖고 있기 때문에 지금 혼내는 것이다. 만약 내가 좋은 감정이 없거나 당신이 성장할 가능성이 없다고 판단했다면, 나는 당신에게 단 1초도 시간을 주지 않았을 것이다. 부하 직원이 싫으면 임원인 당신이 조치해야 하는 것이 당신의 역할이다.”

회사 내에서 함께 갈 사람이라면, 미워하기보다는 좋아하는 것이 옳지 않을까?

변치 않는 정을 나누기 위해서는 칭찬과 잘못을 정확하게 지적해 줘야 한다고 생각한다. 칭찬과 잘못을 지적하여 “진정 이 친구는 나를 위해 주고 있구나.” 하는 마음이 평생 간다면, 나는 나의 또 다른 동반자를 얻은 것이다.

신입사원은 무엇으로 성장하는가

3 : 대인관계

모임을 만들어 총무가 되다

만나는 사람들을 모임화해라.

중, 고등학교 친구들을 우연히 길가에서 만날 때가 있다. "너, 철수 아니냐? 오래간만이다." 몇 마디 나누어 아쉬운 마음에 돌아선다. 다시 이 친구를 만날 가능성은 그리 높지 않을 수 있다. 가만히 살아온 자취를 돌아보자. 학교, 종교단체, 동아리, 취미생활 등을 통해 무수히 많은 사람들을 만나왔다. 그러나 백지 한 장에 친한 사람들 이름을 적으라고 한다면 그렇게 많은 사람을 적을 수 없다. 이미 만남이 끊어져 잊힌 사람도 있고, 잊혀 가는 사람도 있다. 나이가 들수록 아쉬움이 많아진다. 그립기도 하다.

모임을 만들어 정기적으로 만난다면, 상황은 크게 달라진다. 그 모임이 있기 때문에 참석하게 되고, 모인 사람 간에 정을 나눌 수 있다. 당연 더 오랜 기간 만남이 지속되게 된다. 회사 내에서의 관계도 마찬가지이다. 현재 함께 근무하던 사람과의 모임이 둘 있다. 하나는 인사에 근무한 팀장급 이상의 OB모임인 HR인사부서장 모임이다. 이 자리에는 대선배들이 대부분 참석하는 관계로 각별히 예의를 갖춘다. 선배들은 자신의 근무 시절 에피소드를 중심으로 시사점을 제시하며, 분위기 자체가 매우 화기애애하다.

다른 하나는 현재 함께 근무하고 있는 팀원과 옆 동료와의 모임이다.

매일 만나는데 무슨 모임이냐고 할 것이다. 어느 순간 부서가 바뀌면 아무리 옛날 자기가 앉았던 자리라 할지라도 어색해진다. 하물며 사람의 관계는 더하다.

함께 일하는 사람끼리 술 모임이든가, 연구회라든가, 가정 방문 등 뭔가 이슈를 만들어 만남을 이어가면 이러한 어색함은 적어진다. 더 중요한 것은 만남을 통해 잊히지 않고 유익함이 많도록 이끄는 것이다.

어떻게 모임을 이끌 것인가?

모임을 만들기 위해서는 왜 모이는가? 모임을 통해 얻고자 하는 바가 무엇인가?와 함께 모임의 구성과 원칙을 분명히 해야 한다. 신입사

신입사원은 무엇으로 성장하는가

원 동기모임이 잘되는 차수와 안되는 차수가 있다. 신입사원 교육을 함께 받았지만, 결코 그 모임이 오래가지 못한다. 조갑수 부장의 입사 동기모임은 20년이 되어도 경조사와 해외출장이 아닌 한 한명의 불참 자도 없다. 사람들이 모임을 기다린다고 한다. 항상 기쁨이 있고, 뭔가 나눔이 있다. 이들의 원칙은 '안 나온 사람이 무조건 그날 비용의 50% 부담, 나온 사람에게는 반드시 기쁨 하나를 준다.'이다. 회장과 총무는 1년 단위로 돌아가며, 이들에게는 회비가 없다. 이들이 기쁨의 아이디 어뿐만 아니라 연락과 동기들의 경조사를 직접 챙긴다. 직장 모임이라 승진하는 사람도 있고 그렇지 못하는 사람도 있다. 이 동기들은 전원 승진했다. 더 놀라운 것은 이들은 서로의 안부를 전화, 인터넷 심지어 편지로 묻고 지속적 관계를 강화해 간다는 점이다.

입사 2년 차인 유진 씨는 회사 지원으로 ATD라는 미국 교육행사에 참가했다. 행사기간 중에 교육 석학의 강의와 CNN, GE 방문을 하고 9 박 10일의 일정을 마치고 귀국했다. 유진 씨는 함께 참석한 타 기관의 교육담당자와 지속적 모임을 제안했고, 다들 흔쾌히 찬성하여 나이가 가장 어리다는 이유로 총무가 되었다.

유진 씨는 4개의 원칙을 만들었다.

1년에 4회3,6,9,12월 두 번째 금요일 만나며, 1~2명이 주제발표를 한다.
회원은 20명으로 하고, 추가 회원은 정회원 2/3의 찬성을 얻어야 한다.
회비는 월 10,000원이며, 무통장으로 입금한다.

정회원은 월 1건 이상의 사례를 회원에게 제공하며, 회원탈퇴 시 30만 원을 후원기금으로 제공한다.

모임이 구성되면 총무가 되어라.

모임을 실질적으로 이끄는 사람은 기획하고 회원들에게 연락을 취하는 총무이다.

총무가 모임을 바람직한 모습으로 이끌기 위해 열정을 다해야 그 모임은 지속된다. 만약 총무가 의욕이 없이 의무적으로 한다면, 그 모임은 결코 오래가지 못한다. 전 직장의 OB모임이 있었다. 동기 중에 재정이가 총무일 때는 참석률이 대부분 100%였다. 재정이는 문자 및 메일 연락을 취하고 전원 전화를 하며 안부를 묻고 참석을 요청했다. 회원의 즐거운 일이나 슬픈 일이 있으면 가장 먼저 알려 주었다. 시간을 내어 각 회사에 흩어져 있는 회원을 방문하는 등 자신의 시간을 희생했다. 매 모임마다 새로운 아이디어를 내어 참석한 사람들을 기쁘게 했다. 항상 모임장소에 먼저 나가 전체를 확인하고, 선배에 대한 예의를 잘 갖추었다. 모임 후에는 후기 및 사진을 통해 참석한 회원에게 '잘 참석했다.'는 생각을 하게 하였다. 2년의 총무 임기를 마치고 새롭게 총무가 된 헌이는 문자 한 번 보내고 끝이다. 60세가 넘은 사람이 문자를 보겠는가? 총무 첫 모임부터 삐걱하더니 30명이던 회원이 어느 순간 10명도 참석하지 않는다. 총무가 안 나오는 경우도 발생했다. 결국

신입사원은 무엇으로 성장하는가

모임 해체론이 대두되고, 우리가 어떤 사이인데 하는 회장의 인간적 호소에 새롭게 총무를 뽑을 때까지 재정이가 담당하게 되었다. 총무의 역할이 그 무엇보다 중요하다. 총무가 되면, 회원 전체의 동정과 모임 에서의 주도권을 가져갈 수 있다. 보다 열정적으로 삶을 살아갈 수 있다. 무엇보다도 총무가 힘들게 되면 모두가 팔을 걷고 도와준다는 점이다. 내가 은혜를 받았으니 이제 보답을 한다는 의미도 있다.

어려울 때, 더 찾아가다

지인이 보내 준 인맥 관리의 18계명이 있다.

1. 지금 힘이 없는 사람이라고 우습게 보지 마라

2. 평소에 잘해라

3. 당신 밥값은 당신이 내고 남의 밥값도 당신이 내라

4. 고마우면 고맙다고, 미안하면 미안하다고 큰 소리로 말해라

5. 남을 도와줄 때는 화끈하게 도와줘라

6. 남의 험담을 하지 마라

7. 회사 바깥 사람들도 많이 사귀어라

8. 불필요한 논쟁을 하지 마라

4 관계의 성패가 미래를 좌우한다

9. 회사 돈이라고 함부로 쓰지 마라

10. 남의 기획을 비판하지 마라

11. 가능한 한 옷을 잘 입어라

12. 조의금을 많이 내라

13. 수입의 1% 이상은 기부해라

14. 수위 아저씨, 청소부 아줌마에게 잘해라

15. 옛 친구들을 챙겨라

16. 당신 자신을 발견해라

17. 지금 이 순간을 즐겨라

18. 아내남편를 사랑해라

이 중에 첫 계명인 지금 힘이 없는 사람이라고 우습게 보지 마라는 말이 와 닿는다. 조그만 무역업을 운영하고 있는 김성철 사장은 평소 사람 만나기를 좋아했다. 교수들과는 사업 방향에 대해 토론하고, 공무원에게는 정보를 얻으며, 금융기관의 지점장과는 자금문제를 토론하고, 신문기자와는 홍보 및 회사 이미지 관리 등을 지속해 왔다. 어느 날 중앙부처 국장으로 있던 지인이 1년간 국내 교육 연수로 발령이 났다. 이 국장은 평소 자주 사람을 만날 수 없었기에 이제 지인들을 만날 수 있을 것이라고 생각했으나, 단 한 사람을 제외하고 그 많던 사람들이 전화 한 통이 없었다.

김 사장만이 연락하여 소주 한 잔을 나눌 수 있었다. 교육이 끝나고 발령이 나지 않고 집에서 대기하고 있을 때에도 역시 김 사장을 제외하고는 아무도 연락을 주는 사람이 없었다. 얼마 후 지방 한직으로 발령이 났다. 김 사장을 제외하고는 찾아오는 사람이 없었다. 그렇게 3년이 흐른 후, 중앙부처의 실장으로 발령을 받았다. 신문에 발표되기도 전에 많은 사람으로부터 축하 전화가 쇄도한다. 서로 모시겠다고 한다. 시간을 내어 달라고 한다. 이 실장은 제일 먼저 김 사장에게 전화하여 고맙다고 했다. 사람이 잘 나갈 때보다 어려울 때 더 사람이 그립고 술 한 잔도 아쉬운 법이다.

승진하지 않은 사람에게 힘이 되어 줘라.

성과주의 인사로 인하여 갈수록 승진도 평가와 연계하여 개인차별을 크게 가져간다. 처음 출발은 함께했지만, 어느 정도 년차가 지나다 보면 동기 가운데에도 누구는 임원이 되어 잘나가는 사람도 있고, 누구는 만년 과장인 경우도 있다. 물론 잘나가는 사람에게 더 관심과 노력을 쏟기 마련이다. 부탁을 하더라도 잘나가는 사람에게 해야 이루어질 가능성이 높은 법이다. 그러나 어려운 처지에 있다고 무관심하게 대우해서는 안된다. 현 직장에서 승진을 하지 못한 것이지 인생에 있어서 승진을 못 한 것은 아니기 때문이다. 현 직장에서도 그에게 어떤 도움을 받을지 모른다. 직장 내에서 승진되지 않았거나, 보직에서 해

임된 사람에게 연락을 취하고 관계를 이어가야 한다. 어느 순간 모두가 직장을 그만두게 된다. 그만둔 뒤의 인생은 아무도 모른다. 그들은 내가 힘들고 어려울 때 나에게 손을 내민 사람을 기억한다. 저녁에 조촐하게 나눈 소주 한 잔이 그들에게는 꿀처럼 달고 감사한 마음일 수 있다. 진심으로 그들을 마음에 대하는 사람이 결국은 인생의 승리자가 된다.

내가 어려운 처지에 있다면?

동기 중에서 가장 빠른 승진을 하며 잘나가던 내가, 항상 CEO에게 새로운 기획을 통해 인정받던 내가, 수많은 부하 직원들이 지금까지 모신 많은 상사 중에 가장 뛰어난 리더십을 발휘하고 있다고 칭송하던 내가, 모임에 나가면 회장 하라고 주변에서 잠시도 가만두지 않던 내가 어느 날, 후배에게 모든 자리를 물려주고 조그만 방에 혼자 근무하게 되었다. 말 그대로 대기발령이다. 나가라는 의미이다. 무엇을 잘못했는지도 모른다. 지난날을 돌아본다. 바쁘게 살아왔다는 기억밖에 없다. 오직 직장과 집만 생각했고, 주말도 없었다. 나에게 일은 최고의 가치였다. 내가 맡은 업무는 항상 100% 이상 달성했으며, 함께한 직원들도 제 몫 이상을 부여 받아 모두가 수행했다. 내가 왜 지금 이런 처지가 되었나 화가 난다. 아무도 찾아오지 않는다. 하루 종일 책상에 놓인 전화는 잠을 자는지 울리지 않는다. 인트라넷의 개인 메일은 하나도 없다.

신입사원은 무엇으로 성장하는가

메일이라면 인사부서에서 보낸 전임 직원에게 보내는 당부 사항 정도
이다. 그 많던 친구들의 연락마저 하나도 없다. 나는 그들을 친구라고
생각했는데, 그들은 나를 아는 사람으로 생각하는가 보다. 아니 이제
는 잊힌 사람이 되나 보다. 복직한다면, 나는 어떻게 살아가야 할지 생
각해 본다.

기본에 충실하다

유혹을 넘어서라.

직장생활을 하다 보면 엄청난 유혹 앞에 마음이 굽힐 때가 있다.
크게 유혹은 두 가지이다.
하나는 즐거움의 유혹이다. 술, 노래방, 금전, 쾌락 등과 같이 나를
즐겁게 하는 것이지만, 과하면 인생을 망치는 결과를 초래한다.
입사 1년 차인 강인 씨는 술자리가 유난히 많은 회사의 특성상, 매일
저녁부터 술을 과하게 마시게 되었고, 돌아가는 길에 단란주점을 찾아
노래를 불렀다. 매일 술을 마셨기 때문에 얼굴이 항상 붉었고, 업무에
대한 집중도는 떨어져 갔다. 더 심각한 것은 단란주점이었다. 한 가게
만 가다 보니, 자연스럽게 가게에서는 강인 씨를 알게 되었고, 그곳에

서 도움을 주던 아가씨와 문제가 발생하였다. 자주 만나다 보니 정이 들게 되었던 것이다. 총각인 강인 씨는 결혼을 요구하며 회사 사무실까지 찾아온 아가씨로 인하여 결국 회사를 그만두게 되었다. 술과 순간의 쾌락이 가져다준 결과였다.

다른 하나는 성장의 유혹이다. 평소 해보고 싶었던 일이라면 더욱 욕심이 생기고 무리가 예상되지만 추진하게 된다.

사실 대기업이 망하는 원인을 보면, 한순간의 잘못으로 망하는 경우는 드물다. 조금씩 조직이 기본을 벗어난 제도를 운영하며, 경영진의 변화 욕구와 구성원의 무리한 욕심에 의해 서서히 무너져 간다.

수없이 많은 경영기법이 변하였다. QC품질관리, TQM전사적 품질경영, 고객만족, 리스트럭쳐링, 리엔지니어링, 고객만족, BSC, 6시그마, 학습조직, 전략경영 등등 이런 저런 기법을 도입하여 적용했지만, 궁극적으로는 그냥 기본에 충실하고 단순하게 판단했으면 하는 아쉬움을 느껴보았을 것이다.

신입사원이 지켜야 할 기본은 무엇인가?

"원칙을 지키라고 하는데, 그 원칙이 뭐냐?"는 질문을 받았다. 쉬운 질문이지만 어렵다. 인사, 복장, 시간, 언행 등을 이야기하다 보니 과연 이것이 원칙인가 의문이 들었다. 신입사원이 지켜야 할 기본은 무엇인가? 크게 3영역으로 살펴볼 수 있다.

신입사원은 무엇으로 성장하는가

첫째, 규정 지키기이다. 회사 규칙, 안전 수칙, 윤리 규범 등 회사가 전 구성원에게 지켜 주기를 원하는 규정을 철저히 지키는 것이다. 철저히 지키는 것은 자신의 목숨과 바꿀 정도로 지키라는 의미이다. 칭기즈칸이 이끄는 군대의 원칙 중에 '보초를 서다가 잠을 잔 병사는 사형이다.'라는 규정이 있었다. 하루는 아침에 한 병사가 칭기즈칸을 깨우며 죽여 달라고 외쳤다. 밤에 보초를 서다가 잠을 잤다고 한다. 칭기즈칸은 한동안 고민한 후 "네가 군법을 어겼으니 사형에 처한다. 그러나 죄를 스스로 고백했으니 너의 가족을 내가 보살펴 주겠다."고 명하였다. 사형장으로 가는 길에 한 병사가 이 병사에게 왜 고백했냐고 물었다. "내가 법을 어긴 것은 사실이고, 잠을 자고 있을 때 적이 쳐들어왔다면, 칭기즈칸이 위험할 수도 있었다. 사형 받는 것은 당연하고 고맙게도 칸께서는 나의 가족을 돌봐 주시겠다니 감사한다."라고 이야기하며 죽음을 맞이했다. '악법도 법'이라고 한다. 회사가 정한 것은 철저히 지켜야 한다.

둘째, 예절 갖추기이다. 명랑하게 먼저 하는 인사, 활기차며 자신감 넘치는 긍정적 언행 그리고 예의에 벗어나지 않는 직장인으로서의 복장이다. 80년대만 해도 항상 흰색 긴 팔소매의 와이셔츠를 입었다. 여름 그 무더위 속에서도 소매를 접는다는 것을 생각하지 못했다. 지금 이렇게 하라는 것은 아니다. 직장인이라면 자신의 언행과 외모에 책임을 져야 한다.

셋째, 역할 다하기이다. 자신의 본분, 위치에 맞도록 행동해야 한다.

분수를 벗어나면 곤란하다. 자신이 맡은 역할에서 최선을 다해야 한다. '신입사원이기 때문에 봐주겠지', '신입사원이라 실수한다.'는 식은 곤란하다. 항상 제 몫 이상을 해야 한다.

리더는 항상 준비된 사람이어야 한다. 첫 직장 생활할 때, 그날 할 일들을 꼼꼼히 생각하고 준비하고 긴장된 상태로 자신을 이끈 것처럼 초심을 잃지 않는 준비된 사람이어야 한다.

리더는 고민하고 연구하는 사람이어야 한다. 하나의 과제를 처리하기에 급급한 사람이 아닌, 보다 바람직한 모습으로 나아가도록 고민하고 연구하여 성과를 창출하도록 이끄는 사람이다.

리더는 경청하고 인정해 주는 사람이어야 한다. 리더는 혼자 성과를 내는 사람이 아니다. 전 구성원이 통합된 성과를 발휘하도록 그들의 말을 경청하고, 동기부여 시키며 성과를 향해 나가도록 해야 한다.

리더는 자극하는 사람이다. 고인 물은 썩기 때문에 물이 흐르도록 지속적으로 자극하여 구성원을 뛰게 만들어야 한다.

마지막으로 리더는 의사결정을 하는 사람이다. 의사결정은 리더의 권한이기도 하지만, 그에 따른 책임도 있다. 의사결정을 하는 리더는 심사숙고를 해야 한다. 그러나 결정을 했으면 강하게 밀어붙이고, 잘못된 일에 대해서는 책임을 지는 사람이 되어야 한다.

신입사원은 무엇으로 성장하는가

리더는 배가 항구로 가도록 인도하는 항해사와 같은 역할을 한다. 만약 항해사가 자기 마음대로 동쪽으로 갔다 남쪽으로 가고, 다시 서쪽으로 가는 것을 반복한다면, 배는 결코 항구에 도달하지 못할 것이다.

기본에 충실한 리더는 원칙을 지키며, 단순하게 생각하며, 실천하는 사람이다.

신입사원 때부터 리더를 꿈꿔야 한다.

베푸는 것이 이기는 것이다

제가 하겠습니다.

일을 하다 보면 총무팀에서 달력 등 물건 가져오기, 인사팀에서 창립기념 선물 챙기기, 팀원과 관련된 연락망 만들기 등, 각 부서에서 요구하는 사소한 일이지만 누군가는 해야 할 일이 있다. 과거 과부장 시절에는 당연히 신입사원이 이런 일은 도맡아 했다. 그러나 팀제 하에서는 신입사원도 엄연히 한 직무의 담당자이다. 근속보다는 직무 중심의 편제이고, 직무 성과가 개인 평가를 결정하게 된다. 사정이 이렇다 보니 조직장 입장에서는 팀의 공통의 업무를 하나의 업무로 하여 담당자를 선정하는 경우도 있다. 남 보기에 그리 좋아 보이지 않는다. 그 일은 누구 업무인데, 그것을 왜 제가 합니까? 할 말을 잃게 된다. 화가 나면 리더가 해서는 안 되는 "그래, 그럼 내가 하지" 하며 처리한다. 조직 분위기가 냉랭해진다. 입사 2년 차인 김보라미 씨는 "제가 하겠습니다."를 달고 다닌다. 무슨 일이 있으면 자신이 하겠다고 한다. 사실 이런 일들은 그리 많은 시간을 요하지 않는다. 보라미 씨는 가져온 것을 한 명 한 명 책상 위에 가지런히 올려놓는다. 힘에 버거울 때는 선배에게 정중히 부탁한다. "선배님, 바쁘신데 죄송하지만, 인사팀 선물이 분량이 크고 무거워 좀 도와주실 수 있으세요?"

팀을 하나로 가져가다.

A팀의 분위기는 한마디로 공동묘지이다. 서로 등을 맞대고 한마디 말도 하지 않는다. 점심시간이 되면 약속이 있는 사람이 먼저 하나둘 빠져나간다. 결국 약속 없는 사람들은 눈치 보다가 그 누군가가 식사하러 가자고 하면 따라간다. 사원 식당에서 그들은 한마디도 안 한다. 식사를 하기 위해 식당으로 온 것뿐이다. 목소리가 큰 입사 3개월 된 박정아 씨의 고민은 전화다. 업무상 전화가 많이 걸려오는데, 팀 분위기가 너무 조용해서 아무리 소리를 줄여 이야기한다 해도 너무 크게 말한다고 생각된다. 지난번 팀의 차장이 "정아 씨, 전화 목소리 조금만 줄여 줄 수 있나요?" 지적을 들은 후부터 더 긴장을 하게 된다. 놀라운 것은 팀원들이 전화 받거나 이야기하는 것이 전혀 들리지 않는 점

신입사원은 무엇으로 성장하는가

이다. 얼마나 조그맣게 통화하면 바로 앞에서도 안 들릴까 궁금하기도 했다. 3개월이 지나면서 하루하루 긴장의 연속이었고, 아침에 일어나 회사 가기가 싫어졌다. 재미가 없었다. 생동감이라고는 찾아볼 수가 없었다. 박정아 씨는 2일의 휴가를 신청했다. 그 팀에서 신입사원이 휴가를 신청한 것도 처음이고, 큰 이유 없이 휴가 신청하는 사람도 없었다. 팀장이 불러 무슨 일 있냐고 묻는다. 그냥 쉬고 싶다고 이야기하고 부모님이 계시는 강원도에 갔다. 주말 포함 4일간 깊게 고민하고 팀의 분위기를 내가 새롭게 만들어 보자고 결심했다. 그래서 집에서 재배한 감자를 들고 갈 수 없을 만큼 쪘다. 월요일에 출근하여 팀 회의 시, 감자 먹으며 하자고 감자와 준비한 김치를 내놓았다. 사무실 가득히 퍼지는 김치 냄새에 옆 팀에서 한 명씩 기웃거린다. 함께 감자를 먹으면서 처음으로 전원이 웃었다. "아니, 우리 팀도 웃을 줄 아네요?"라는 정아 씨 말에 서로는 서로를 보며 힘찬 미소를 띠었다. 그렇게 하나의 진정한 팀이 탄생하게 되었다.

5

열정과
자부심

1 : 회사의 철학과
가치를 실천하다

법에서 안되면 법을 고쳐서 되게 한다

\# 법에서 안되면 법을 고쳐 되게 하라.

영업사원에게 있어 시장점유율을 유지하거나 높이는 것은 중요하다. 모든 성과는 숫자로 표시된다. 시장점유율이 높아지면 그만큼 이익이 따르는 사업구조였다. 떨어지면 당연 낮은 평가는 물론이고 자리마저도 위태롭게 된다. 어느 영업본부는 각 팀의 실적을 주마다 그래프로 만들어 전체 팀장회의를 한다. 지난주에 비해 어느 팀이 향상되었고, 어느 팀은 유지이며, 어느 팀은 떨어졌음이 확연히 나타난다. 회의의 초점은 떨어진 팀이다. 회의 시간 내내 온갖 지적을 다 받는다. 그 팀

신입사원은 무엇으로 성장하는가

장이 팀에 돌아와 무엇을 하겠는가?

　A팀이 있었다. 도시계획에 따라, 현재의 도로 뒤편으로 새로운 사거리가 조성된다는 정보를 얻었다. 주유소 영업을 하는 회사의 입장에서는 사거리에 주유소를 세워야 한다. 시청을 찾아가 담당자를 만났지만, 현재의 도로 계획상에서는 사거리에서 10m 떨어진 곳에 설치할 수밖에 없다고 한다. 도로변에 있느냐, 도로에서 10m 뒤에 있느냐는 영업실적에 매우 큰 차이를 주게 된다. 주유소의 특성상 도로변에 있어야 차들의 이동이 쉽기 때문이었다. 수차례에 걸쳐 도로 담당자를 찾아갔지만, 무슨 이유인지 법 때문에 안된다는 말만 되풀이한다. 모든 사람이 포기하고 있을 때, 입사 2년 차인 김중수 사원은 법 조항을 살피기 시작하였다. 시행령의 부당성을 지적하고, 10m 앞인 도로변에 설치할 수 있는 근거를 제시하였다. 문제는 담당자였다. 시청의 담당자는 매우 완고하였다. 법이 잘못된 것이 아니기 때문에 무조건 안된다는 식이었다. 김중수 씨는 건설교통부에 민원을 넣어 시행령의 개정을 요청하였다. 실사가 나오고 결국 시청에 개선 명령이 떨어졌다. 김중수 씨처럼 '법에서 안되면 법을 고쳐서 되게 한다.'는 정신이 없었다면, 도로변의 주유소는 설치될 수 없었다. A팀은 지속적으로 하락하는 매출에 힘겨워했을 것이다.

5 열정과 자부심

회사의 영웅이 되라.

용인에 있는 삼성 인력개발원에 가면, 명예의 전당이 있다. 재임 중에 성과를 기리며 후배들에게 너희도 이렇게 할 수 있다는 열정을 심어 주는 곳이다. 지금은 강진구 회장이 모셔져 있다. 현대의 신입사원에게는 영웅 신화를 교육한다. 고 정주영 회장의 성공 사례와 현대를 빛낸 분들의 사례를 다룬다. 기업마다 올해의 모범사원, 올해의 00인 등의 시상을 한다. 이들의 성공 사례를 책자화하기도 하고 교육에 활용하기도 한다. 영웅 신화를 이어가게 하기 위함이다.

영웅 신화는 특이함을 수용하는 문화에서 비롯한다.

중요한 것은 나도 영웅이 되어 보겠다는 자세이다. 묵묵하게 자신에게 맡겨진 일을 성실하게 처리하는 사람이 인정받던 시절이 있었다. 그러나 지금은 이런 인재로는 무한 경쟁에서 승리하기 어렵다. 그저 유지할 뿐이다. 승리하기 위해서는 더 높은 목표를 설정하고 도전해야 한다. 도전하는 사람은 뭔가 모난 사람이 되어야 한다. 남과는 다른 특이함이 있어야 한다. 이런 근성을 수용하고 키워 줘야 한다. 이런 사람은 채용하기도 어렵고 붙잡기는 더 어렵다. 이들에 의해 많은 부분 영웅의 신화가 창출된다. 성실한 사람은 채용하기도 쉽고 가만있어도 유지된다. 이들은 영웅을 지원하는 역할을 한다.

신입사원은 무엇으로 성장하는가

특이함을 간직하라.

누가 특이함을 인정하도록 만들 것인가?

치열한 입사경쟁의 시대이다. 요즘 대기업 취업하려면 100:1의 경쟁은 기본이다. 오죽하면 상호 다른 대학 학생들 간에 입사 희망 기업 동아리를 만들어 모의 면접 연습과 기업 탐구를 한다.

이렇게 입사한 후, 끼를 살리고 미래와의 gap을 중심으로 육성하는 회사 혹은 "하라면 해라", "옛날에 다 해 봤다. 하는 일이나 잘해라", "무조건 참석해라", "우리의 퇴근은 6시가 아니라 9시다", "상사에게 잘 보이는 것이 생존하는 길이다" 등 말 잘 듣는 '예스맨'으로 육성하는 회사에서 근무하게 된다면, 10년 후의 경쟁력은 어떻게 변할까? 어느 신입사원이 "20년 후 내가 임원이 될 확률과 회사가 그때까지 존재할 확률 사이에서 내가 어떤 선택을 해야 할지 고민합니다."라고 말했다. 누가 변화를 이끌어야 할까? 당연 리더가 해야 할 일이다.

그러나 리더는 이미 기득권 세력이라 현재의 상황이 바뀌는 것을 원하지 않을 수 있다. 회사는 새로 합류한 사람에게서 변화를 기대한다. 특이 인재를 뽑는 회사가 있다. 수학, 과학, 바둑, 국악, 심지어 체육 특기생까지 수상자들을 뽑았다. 이 회사의 조직문화가 톡톡 튈까?

이제는 신입사원이 용기를 내야 한다. 주체성을 잃고 젊은 나이에 '하라면 하라는 대로', '목구멍이 포도청이니까'식의 수동적 자세에서 벗어나야 한다. 자신의 업무에서 개선을 도모해야 한다. 이를 위한 자신만의 목표가 있어야 한다. '나는 내가 하는 업무의 50%를 개선하겠다.', '나는 5년 안에 회사의 제안왕이 되어 이 분야 최고가 되겠다.', '나는 기존의 술 문화 관습을 타파하여 건전한 취미 습관이 정착되도록 1년 안에 만들겠다.' 등의 아래로부터의 운동도 필요하다. 오랜 역사를 갖고 있는 제조업의 경우, 익숙함의 뿌리는 너무 깊게 박혀 있어 빼어 내기는 쉽지 않다. 신입사원에게는 턱없이 힘든 일일 수도 있다. 그래도 신입사원이 아니면 누가 이렇게 다르게 행동할 수 있겠는가?

자신의 역할을 다하는 것이 신뢰이다

일을 했으면 성과를 내라.

신입사원들에게 업무를 부여하면서, 업무의 중요성과 업무를 통해 얻고자 하는 성과를 명확하게 가르쳐 주는 조직이나 사람은 의외로 적다. 심한 경우에는 인수인계 없이 업무가 할당된다. 지금까지 누가 해왔고, 자료는 여기 있다고 이야기해 주고 업무를 지시한다. 전 담당자가 업무의 수준을 5단계 중 4단계까지 올려놓았다면 후임자는 4단계에서 시작하여 5단계로 넘어가야 한다. 그러나 업무 부여부터 체계적이지 않다면 다시 1단계부터 시작되는 것이다. 간신히 3~4단계까지 가면

신입사원은 무엇으로 성장하는가

업무 인수인계를 한다. 누구의 잘못도 아닌 회사 시스템의 잘못이다.

첫째, 업무는 매뉴얼이 되어 있어야 한다. 매우 상세하게 업무를 수행하는 방법이 기술되어 있어야 한다. 신입사원이 선배의 도움 없이 수행할 수 있을 정도가 되어야 한다. 그가 매뉴얼을 보지 않아 모르는 것은 어쩔 수 없다. 그러나 보고는 싶으나 볼 수 있는 것이 없다면 곤란하다. 매뉴얼이 없다면 만들면 된다. 내가 일을 해 나가면서 그 일들을 하나씩 기록해 가면서 자연스럽게 매뉴얼로 만들어 놓으면 된다. 정은진 씨가 회사에 근무한 기간은 3개월이다. 그런 그가 남기고 간 업무 매뉴얼은 지금도 하나의 바이블이다.

둘째, 선배 또는 조직장에게 업무의 본질에 대한 설명을 받아야 한다. 모든 직무는 정의, 처리 프로세스, 필요 역량 및 스킬, 그리고 기대성과가 직무 기술서에 명시되어 있다. 이를 중심으로 이 직무는 무엇이며, 왜 해야 하는가에 대해 설명을 받아야 한다. 목표가 분명한 상태에서 1,000m 달리는 것과 목표 없이 혼자 1,000m 달리는 것은 엄청난 차이가 날 수밖에 없다.

셋째, 일을 하면서 제대로 성과 내는 방법을 알아야 한다.

어릴 적에 바느질 경험이 있다. 양말을 꿰매는데 쉽지 않았다. 할 때마다 손을 찔러 아~소리 지르면 어머니로부터 그것도 못하냐는 꾸중을 듣곤 했다. 처음 해 보는 사람은 아무리 노력해도 서툴 수밖에 없다. 요령을 배우면 쉽게 할 수 있다. 전구를 넣어 바느질하니 편하고 바늘에 찔리지 않았다. 물어보지 않은 잘못도 있지만, 처음부터 알려주지 않은 잘못도 있다. 신입사원이라면, 일에 대해 호기심 많은 어린이처럼 자꾸 질문을 해야 한다. 질문하는 것을 두려워하면 안된다. 조직장이나 선배는 일을 하면서 더 성과 내는 방법을 알려 줘야 한다. 기왕 일을 한다면 성과를 내는 것이 옳다.

넷째, 기록해야 한다. 열심히 알려 주었는데 또 잘못하거나 모르면 한두 번은 넘어갈 수 있으나, 지속되면 화가 난다. 내 시간이 그만큼 비효율적으로 쓰이기 때문에 목소리를 높이게 된다. 기록하고 그 기록을 바탕으로 더 개선해 나가야 한다.

내 역할을 다해라.

통상 신입사원 기간은 3년이라고 한다. 3년이 지나야만 제 몫을 한다고 이야기한다. PC가 없고 정보가 고참이나 조직장에게 집중된 때는 옳은 이야기이다. 그러나 지금은 젊은 세대일수록 더 PC 조작능력이 뛰어나다. 영어는 기본이다 보니 구글 등의 검색으로 선배들이 하지 못하는 각종 자료를 깔끔하게 정리한다. 회사의 분위기도 3개월 이내에 파악한다. 조직장이 어떤 방식의 보고서를 좋아하는가 파악하여 이에 맞춘다. 발표능력도 뛰어나다. 학교생활에서 수없이 많은 발표기회를 갖다 보니, 보고 자료를 만드는 능력과 이를 설명하는 능력이 기존 직원이 따라갈 수 없을 정도이다. 한마디로 역할 이상을 할 수 있는데, 제 몫을 다하지 못한다고 한다. 무엇이 문제일까?

신입사원은 무엇으로 성장하는가

최근 입사하는 사원들은 자신의 일만 한다. 더 이상의 문제를 만들려고 하지 않는다. 주어진 일만 잘하는 사람으로 성장한다. 개인을 더 많이 추구하는 듯한 인상을 받게 된다. 옆 사람이 아무리 바빠도 도와주기보다는 내 일만 끝나면 된다는 자세이다. 함께 있으면서 다른 사람을 돕거나 일을 더 배우려는 생각이 부족하다. 조직장 입장에서 보면, 충분히 능력 있는 인재가 대충 일하는 모습으로 비춰진다.

제 역할을 다하는 것은 나만의 역할을 다하는 것뿐만 아니라 조직에게 부여된 역할을 기대 이상으로 다한다는 의미이다. 조직장 입장에서 보면 본인이 할 때보다 120% 해오면 매우 잘한 것이다. 100%는 잘한 것이다. 80~90% 수준이면 보통의 수준이다. 조금 자신이 조정하면 된다. 부분이 아니고 전체의 개념이다. 누군가가 80% 이하를 할 때 다른 부분을 아무리 잘해도 전체는 그 잘못한 부분에 머물게 된다. 파이프의 물은 가장 좁은 곳만큼의 물밖에 배출하지 못한다.

강하고 크게 봐라.

직장생활 20년 정도 되어 과거를 돌아보면, 현재의 자리에 오기까지 가장 도움을 준 사람은 어린 시절 나에게 인간적으로 잘해준 사람보다는 일을 엄하게 가르친 사람이다. 엄한 지적을 받고, 심한 경우 온갖 소리를 듣고 배운 일은 잊히지 않는다. 글을 쓰면서 오탈자가 없는 이유는 오탈자 하나만 있어도 온갖 말도 안되는 소리를 들었기 때문이다.

문서가 논리적인 이유는 동일한 주제에 대해 숱하게 문서를 작성해 봤기 때문이다. 전체를 보고, 나만의 이익이 아닌 회사의 이익을 생각하고 멀리 봐야 한다. 구체적 데이터를 중심으로 가능한 한 보기 좋게 작성해야 한다. 업무와 관련된 사내외 전문가들을 만나 일의 방향과 해결해야 할 과제에 대해 정리해야 한다. 사자는 새끼를 강하게 키우기 위해 고의로 절벽에서 떨어트린다고 한다.

핵심가치 전파를 자청하다

\# 핵심가치 실천의 선봉에 서다.

많은 회사의 임직원들이 자사의 핵심가치가 뭔지 잘 모른다. 액자의 도전, 창의, 열정이라는 단어는 안다. 그러나 핵심가치가 의미하는 진정한 뜻을 내재화하고 이를 실천하는가는 별개처럼 보인다. 최문수 사원이 있다. 자전거 타기를 좋아하는 그는, 어느 날 이런 생각을 했다. '우리 회사의 가치를 자신이 실천하는 방법 중의 하나로 자전거를 타고 전국 일주를 하자.' 4개의 팻말을 만들었다. 회사 이름 밑에 신뢰, 유연, 도전, 탁월이라는 그 회사의 핵심가치가 적힌 팻말을 꽂고 그는 전국을 일주했다. 여름휴가를 그렇게 보낸 것이다.

신입사원은 무엇으로 성장하는가

서정우 사원은 교육을 담당하고 있다. 자기 회사의 가치는 자기가 전달해야 한다고 생각했다. 회사 직원에게 핵심가치를 설명하는데, 타 기업에서 와서 강의안을 짜 주면 결국 강의도 그들이 할 수밖에 없다. 내 회사의 철학과 문화를 남에 의해서 각인되게 할 수는 없는 일이라 생각했다. 그의 생각은 결국 회사의 핵심가치를 해석하고 해석에 따른 사례를 개발하고 회사의 언어로 이야기하기 시작했다. 현장의 근로자들이 매일 핵심가치를 외쳤으나, 회사의 핵심가치에 이런 뜻이 내포되어 있음을 처음 알았다고 한다. 핵심가치를 실천한 수많은 사례를 듣고 나도 저렇게 될 수 있다고 생각했다고 한다.

저자가 컨설팅한 A기업의 가치는 5가지였다. 식당에는 이달의 모범 사원이 사진과 함께 걸려 있었다. 그 사유를 보면 모두가 성실 근면한 사람들이었다. 이 회사의 핵심가치 중에 그 어느 것도 근면 성실은 없었다. 도전과 혁신과 같은 가치가 있을 뿐이었다. 이 회사의 주 단위 CATV 내용을 살펴보니 전부 '맡은 일을 잘하자.'이다. 그 어느 내용도 다양성의 이야기가 나오지 않는다. 제조업체이기 때문에 안전이 중요하다고 한다. 함부로 개선했다가는 큰 사고로 이어질 수 있다고 한다. 그러면 왜 핵심가치에 안전은 없고 혁신은 있는가?

김하늘 씨가 근무하는 회사는 말이 없다. 자신의 일만 하고 퇴근시간이 되면 알아서 퇴근한다. 팀원 중에 퇴직하는 사람에게 점심 함께 하는 것이 전부이다. 이 회사의 핵심가치는 믿음이었다. 처음부터 이런 삭막한 곳은 아니었을 것이다. 그 누군가에게 자신의 생각을 열린

5 열정과 자부심

마음으로 전달하지 못한다는 느낌을 받았다. 자신을 열지 못하다 보니 본의 아니게 침묵하게 되고, 속앓이를 하게 된다. 재미가 없다. 회사 출근하는 것이 싫어지는 이유이다.

핵심가치는 매일 구성원이 일상 업무에서 실천하게 해야 한다.

삼성은 아침 시작할 때 삼성찬가가 흘러나오면 일어나 부동자세로 따라 불렀다. 다소 심하게 느낄지 모르겠지만, 핵심가치의 의미를 큰 소리로 따라 부르게 해야 한다. 마음속에 내재화되어 굳어지게 해야 한다. 그 어느 날 거리에서 지나가던 경영층이 우리 회사 핵심가치에 대해 어떻게 생각하냐? 또는 실천 사례가 있으면 소개해 달라는 요청을 급히 받았을 때, 당황해서는 안 된다. 줄줄줄 핵심가치가 설명되어 나와야 한다. 이를 위해서는 암기하고 큰 소리로 외치게 하는 일은 가장 중요하다. A회사는 '핵심가치 실천문'을 작성하였다. 열정, 창의, 도전, 성실의 의미가 잘 함축된 매우 잘 작성된 실천문이었다. 회사는 이를 좀 더 실천하게 하기 위해 다이어리 맨 앞, 사무실 액자, 회의실에 남기는 한편 개인이 소지할 수 있도록 코팅하여 지급하였다. 아침마다 사내 방송을 통해 실천문을 낭송했다.

이 외에도 수많은 홍보 노력이 있었다. 회사의 경영층은 구성원이 핵심가치를 다 알고 있을 것이라고 생각했다. 승진자를 대상으로 한 교육에서 백지를 나누어 주었다. 핵심가치를 전부 적으라고 했다. 4개의 가치와 그 실천 정의를 정확하게 적은 사람은 200명 중에 5명을 넘지 못했다. 수없이 듣고 봤지만, 암기하지는 못했다. 뜻만 알면 되지 뭐 그것을 외우느

신입사원은 무엇으로 성장하는가

냐고 할 수 있다. 9×7이 얼마냐고 물어보자. 구구단을 외운 사람은 63이라고 바로 대답한다. 그러나 외우지 못한 사람은 구구단표를 보거나 계산기를 찾아야 한다. 암기하고 있으면 행동은 저절로 행해진다.

회사마다 핵심가치를 전파하는 방법이 다 다르다. 어느 회사는 교육을 통해, 어느 회사는 채용, 평가 그리고 교육에 핵심가치를 반영한다. 어느 회사는 사내 수상제도를 핵심가치로 명명하여 시상한다. 회사에 따라 다양한 방법으로 전파하지만, 사실 그 효과성은 미미하다. 서정우 사원이 추진한 것은 바로 사례 개발 및 전파였다. 매주 전 구성원에게 전송되는 사내 메일을 통해 가장 먼저 핵심가치를 실천한 사람을 소개했다. 주제와 소속을 밝히고, 핵심가치의 어느 부분을 어떻게 실천했는가를 구체적으로 기술했다. 구독의 편의성을 위해 1장을 넘기지 않았다. 맨 아래에는 핵심가치 실천자 추천을 받았다. 처음에는 큰 반응이 없었다. 서정우 사원은 조직장에게 메일 또는 직접 방문을 통해 실천 사례를 아침 회의 시 공유하고 칭찬하도록 요청했다. 실천자에 대해서는 감사 편지를 보내고, 사내 모범사원 후보에 포함토록 하였다. 좀 더 핵심가치의 의미를 정확하게 전달하기 위해, 사례의 폭을 사내에 국한하지 않고 김연아 선수, 한국 양궁, 반기문 총장 등 외부사례도 실었다. 교육 시작 전에 참석자에게 핵심가치 실천사례 2~3명의 소개를 하는 시간을 반드시 포함하였다.

이러한 개인의 노력이 하나둘 더해감에 따라, 비로소 회사의 핵심가치는 뿌리를 내리기 시작했다.

승자의 문화를 이끌다

김효연 씨가 입사한 회사는 이혼 상담을 주로 하는 법률 사무소였다. 개개인의 개성이 강조되다 보니, 유교적 문화 속의 가부장적 남편과의 성격 갈등이 결국은 이혼으로 확대되는 경향이 있다. 매일 10여 건의 이혼 상담을 하다 보니 직원 모두가 극도로 말하기를 꺼려하는 분위기였다. 사실 이혼을 결심하고 찾아온 사람들은 인생의 승리자가 아니다. 자연스럽게 이들의 법률 상담을 해 주는 직원들도 사람에 대해 좀 더 긍정적인 면을 찾기보다는 부정적 시각을 갖는 일이 많았다. 대화가 없고 각자는 각자 맡은 건수를 처리하기에 급급했다. 회식이라고는 생각할 수도 없었다. 항상 2시간 야근은 기본이었다. 하루하루가 매일 똑같이 흘러간다. 어느 순간 비전과 희망도 꿈도 사라진 느낌이 들었다. '내가 왜 일을 하지?' 하는 의문이 들었다. 자신을 보이지 않게 죽이고 있는 것 아니냐는 생각도 했다. 모두가 바쁘지만, 사실은 패자의 문화였다.

김효연 씨는 이를 벗어나기 위해서는 몇 가지 원칙이 있어야겠다고 생각했다.

긴급회의를 요청했다. 다들 시간 내기가 쉽지 않았기에 일과가 끝난 8시에 1시간만 회의하자고 했다. 다들 시큰둥한 표정이었지만, 약속한

신입사원은 무엇으로 성장하는가

시간에 모였다.

사무실에 정적이 흐르는 사진, 점심 때 흩어져 가는 모습, 표정 없는 모습 그리고 정이라고는 찾아볼 수 없는 사무실의 모습을 사진으로 보여 주었다. 잠시 정적의 시간을 두고, 이런 분위기를 원하느냐고 물었다. 말이 없다. 그러나 다들 원하지 않음을 직감할 수 있었다. 이런 분위기를 바꾸기 위해 아이디어가 있는데 들어 보겠냐고 물었다. 긍정적 분위기 속에 김효연 씨는 3가지 원칙을 발표했다.

첫째, 사무실 환경 변화를 통한 분위기 조성

각자에게 사진틀을 하나씩 주고 가장 사랑하는 사람을 넣어 달라고 했다.

디지털카메라를 갖고 팀원들 사진을 찍고, 출력하여 아래에 글을 적도록 했다. 단, 긍정적 표현으로. 각자의 책상에 조그만 화초를 하나씩 놓고, 한 달 후 가장 키가 자란 사람에게는 시상을 한다고 했다.

둘째, 마니또 게임을 하자고 했다. 각자 한 명의 마니또를 정해 그 사람을 위해 보이지 않게 관심을 갖고 배려해 주자고 했다. 연말 송년 모임은 자신의 마니또를 위해 3만 원 이하의 선물과 편지를 준비하여 공유하자고 했다.

셋째, 한 달에 한 번 자신의 상담 중 가장 좋은 내용을 모두 소개하는 시간을 갖자고 했다. 사실 누가 어떻게 상담하고 있는지 모르기 때문이었다.

약간의 찬반이 오가고 결국 함께 해 보자고 했다.

한 달이 지난 후, 사무실에 인사가 오갔다. 점심시간에 약속이 없는 사람들이 서로에게 함께 식사하러 가자고 했다. 누가 누구의 마니또인가 궁금해 하며 어느 순간 알아차린 결과에 대해서도 몹시 기뻐했다. 최고의 상담을 발표하기 위해 보다 밝고 정성스럽게 고객을 대하게 되었다. 고객들도 처음 방문할 때는 화를 몹시 내는 사람도 있었고, 몹시 불안해하며 슬퍼하는 사람도 있었다. 딱딱하게 대하는 상담자들의 표정에 다시는 방문하지 않으려 했다고 한다. 그러나 최근에 밝고 적극적인 자세로 상담에 응하는 직원들을 보며, 이혼을 결심한 자신이 초라하게 느껴졌다고 하소연하기도 했다고 한다.

한 사람의 방향과 노력으로 인하여 침울하고 생기가 느껴지지 않던 한 팀이 승자의 문화로 탈바꿈하게 된 것이다.

이러다가는 전부 죽습니다.

대학을 졸업하고 회사를 선택한 신입사원들에게는 나름 꿈이 있다. 학교에서 이론으로 배운 기업은 새로운 것을 창조하기 위해 비전과 전략을 세운다고 했다. 앞선 기업을 벤치마킹하고, 과제는 지금까지 아무도 해 보지 않은 신규 과업이라고 생각했다. 입사한 후 3개월이 안되어 생각했던 많은 것들이 무너졌다. 매일 반복되는 업무, 이것저것 현

신입사원은 무엇으로 성장하는가

실을 벗어나지 못하는 상사의 터무니없는 지시, 상사의 눈치만 보며 자기계발은 하지도 못하는 선배들. 더 한심한 것은 대학생 때의 야심차고 적극적인 모습은 어디로 사라지고 상사가 없으면 편하게 느끼는 나였다. 조직 안에 '초일류가 되자'는 비전은 있으나, 실현될 것 같지는 않다. 대표이사는 우리가 가야 할 길은 너무나 멀고도 힘든 길이라고 한다. 우리가 세계 초일류가 되기 위해서는 자신의 분야에서 최고가 되어야 한다고 강조한다. 필요하다면 벤치마킹도 하고 전문가를 초청하여 이야기도 들으라고 한다. 때로는 선진 기업과의 차이가 어느 정도인가를 조사하여 보고하도록 한다. 그러나 실행하는 사람은 없어 보인다. 매일 회의를 하는데, 무슨 회의를 하는가는 알지 못한다. 입사 3개월 된 김철수 사원이 팀원 전부에게 보낸 편지의 내용이다.

긴급 팀 회의가 이루어졌다. 문제가 무엇이냐보다는 어떻게 하면 좋겠느냐에 의견을 모으기로 했다. 김철수 씨는 회의 시작과 동시에 "우리 이러다가는 전부 죽습니다."라고 강조했다. 신입사원의 일성에 다들 놀라기도 하고 화도 났다. 그러나 할 말이 없었다. 그에게 꿈을 주고 그 꿈을 더 펼치지 못하게 한 것도 사실이기 때문이었다. 1박 2일 연수원에 가서 Workshop을 하자고 의견이 모아졌다.

두 조직이 있다.

한 조직은 긍정을 이야기한다. 잘하는 것을 칭찬한다. 팀원 간에 관심이 많다. 사람을 무시하지 않고 경청해 준다. 의견에 동의하며 자신의 이야기를 피력한다. 일의 결과에 대해 토론을 한다. 때로는 토론이

5 열정과 자부심

격해지는 경우도 있다. 그러나 신상에 대한 공격은 없다. 아침에 출근하면 먼저 온 사람에게 직접 가서 인사를 나눈다. 아니 먼저 본 사람이 먼저 인사한다는 편이 옳을 것이다. 항상 미래를 이야기한다. 현재 우리의 위치에서 어떻게 앞으로 한 단계 더 나아갈까 고민한다. 보이지 않는 팀워크가 형성되어 상호 지원한다.

다른 한 조직이 있다. 내가 무엇을 해야 할지 몰라 한다. 언젠가 누군가가 막연하게 우리를 이끌겠지 하며 기다린다. 사람을 만나기를 회피하며 옆 직원이 전화를 받으면 무슨 내용인가 궁금해 한다. 나눔의 문화가 없다. 뭔가 하는 것 같지만, 성과가 없다. 회사와 상사에 대한 불만은 많다.

승자의 조직은 조직장만이 만들지 않는다. 그 안에 있는 구성원 가운데 누구나 리더십을 발휘할 수 있다. 어느 순간 회사는 신입사원에게 이러한 역할을 기대하고 있다. '나는 이제 신입사원인데 나보고 뭘 하라고.'식의 사고는 곤란하다. 파이팅을 외치며 이끌고 가야 한다.

신입사원은 무엇으로 성장하는가

2 : 팀워크

3층에서 뛰어내리다

나는 회사의 소중한 자산을 지키고 싶었을 뿐입니다.

80년 초의 일이다. 중동에 진출하여 건설에 열을 올리던 어느 날 갑자기 사무실에 무장한 괴한이 쳐들어왔다. 창졸간에 벌어진 일이었기에 안동수 사원은 급하게 회계장부가 들어있는 서랍을 찾았다. 서랍 안에는 밖으로 공개되어서는 안되는 비밀문서가 몇 건이 있었다. 빼앗기면 회사에 큰 손해를 끼칠 수 있는 매우 중요한 문서였다. 괴한들은 밀어닥치고 아무도 움직이지 못하게 하였다. 순간 안동수 씨는 열려 있는 창문을 향해 달렸다. 3층에서 뛰어내린 것이었다. 3층에서 뛰어

내린 안동수 사원은 바로 일어나 시내를 향해 차를 몰았다. 죽음을 무릅쓰고 행한 행동이었고, 서류들은 괴한의 손에서 안전할 수 있었다.

무엇이 그를 3층에서 뛰어내리게 했을까? 단지 회사의 소중한 자산을 지키고 싶었다고 한다. 자신이 담당하고 있는 업무로 인하여 회사에 피해가 되어서는 안된다는 생각뿐이었다고 한다.

함께 일한다는 생각을 갖게 하라.

갑자기 3층에서 뛰어내려야 한다는 생각을 갖기 어렵다. 조직장도 아니고 입사 몇 년 되지 않는 사원의 입장에서는 더더욱 어렵다. 무엇이 그를 불타게 했을까? 함께 일하고 있다는 생각이었다. 중동에서의 하루는 쉴 틈이 없었다. 한국과의 시차와 현지에서의 문화차이로 갖가지 문제들이 발생하였다. 매번 이를 해결해야 했고, 매일 밤근무였다. 서울에서 그 좋아하던 술 한 잔 하기 쉽지 않았다. 얼큰하게 취해 어깨동무하고 노래 부르며 거리를 활보한다는 것은 상상도 할 수 없다. 이런 와중에도 선배인 오 부장은 집으로 부원들을 초청하여 한국 음식에 소주 한 잔을 하였다. 항상 늦게까지 일하는 직원들의 어깨를 두드려줬다. 서로가 자신의 일로 쓰러질 지경이었지만, 여러 사정으로 자리를 비우는 동료의 일들을 분담하여 처리했다. 설명하지 않아도 눈빛만 보면 이해할 수 있는 단계가 되었다. 내가 이 부서에 있다는 것이 행복하다는 생각에 잠겼다. 이런 선배들에게 자신의 일로 폐를 끼치고 싶

신입사원은 무엇으로 성장하는가

지 않음이 안동수 사원의 생각이었다.

　# 말 한마디에 눈물 흘리다.

　오 부장은 일개미였다. 한시도 쉬지 않고 일한다. 그 더위 속에서도 자리에 앉으면 현장에 나가거나 식당에 가기 전에는 일어나는 일이 없다. 이곳저곳 전화를 받으면서도 항상 명랑함을 잃지 않는다. 현장을 가면 항상 긴장이다. 언제 어떤 사고가 일어날지 모른다. 조직장들이 통상 사무실에서 대면이나 전화로 상황을 보고 받지만, 오 부장은 현장 관련 보고는 반드시 현장에서 받는다. 가장 위험하다는 지역과 장소에 가서 보고 받으며 직원들을 격려한다. 그는 자신이 이 자리에 서게 된 것은 여기 있는 직원들이 최선을 다해 줬고, 지금도 최선을 다하기 때문이라고 한다. 밤에 오 부장은 라면을 끓인다. 어두움 속에 먹는 라면의 맛은 그 무엇과 견줄 수 없다. 한 명 한 명 손을 잡으며 "고향 생각나지?" "힘들지."를 연발한다. 오 부장의 손짓 하나 말 한마디에 사람들의 어려움이 사라진다. 마음 속 응어리들이 저 멀리 사라져 버린다. 더 일을 해야겠다는 생각이 든다.

　# 우리가 이 땅에 왜 왔는가를 생각하라.

　오 부장의 양친은 손자 손녀들과 함께 전남 순천에 사신다.

오 부장이 중동 파견을 떠난다는 소식과 함께 어머님은 매일 기도를 바친다.

멀리 있는 아들의 무사귀환과 건강을 빈다. 이곳에 있는 모든 직원들은 단신 파견되었다. 그들의 가족은 똑같은 마음으로 아들, 남편이 건강히 귀국하길 기원한다. 그들이 이곳에서 근무하는 이유는 단 하나이다. 열심히 일해 부를 조국으로 가져가는 것이다. 오 부장은 시간이 날 때마다 "우리가 빨리 공기를 단축하고, 좋은 평가를 받아야 고국에 갈 수 있다"고 강조한다. 파트장과의 미팅은 대부분 공기 단축과 효과성 증대이다. 가장 효율적으로 일하는 방법을 찾고 구성원들의 제안을 넓게 모으고 반영하라고 지시한다. 안동수 사원은 미혼이지만, 중동에서의 일을 왜 하는가를 배웠다고 한다. 그것은 이 땅에 내가 왜 왔는가를 생각하니, 일을 어떻게 해야 하는가가 각인되었다는 것이다.

나는 일을 즐기는 사람

아침이 기다려지도록 하라.

아침에 출근하여 상사의 화난 모습을 본다면 감히 밝은 인사를 할 수 있을까? 담배나 커피 한 잔 하면서 "오늘 왜 또 저러시나?" 하며 상

신입사원은 무엇으로 성장하는가

사 흥이 시작된다면, 직장생활에 무슨 흥이 있겠는가?

　일본을 이끈 24인 중에 재계의 신이라 불리는 전 도시바의 '도코 도시오' 회장은 항상 새벽 4시에 일어나, 불경 읽기를 포함한 독서를 하고, 산책과 목검 휘두르기 등을 한 뒤에, 아침식사를 하고는 6시 30분에 출근했다고 한다. 아침 일찍 출근하는 것이 단순한 습관에서 비롯된 것은 아닌, "하루는 오전 10시까지의 승부."라고 생각했다. 그래서 중요한 업무는 정신이 맑은 오전 10시 이전에 모두 끝내야 한다고 보고 이를 매일의 일과로 실천했다고 한다. 아침을 즐긴 것이다.

　현대 정주영 전 회장께서는 날이 밝는 것을 기다렸다고 한다. 할 일이 너무나 많은데 날이 밝지 않는다고 했다. 일을 즐기신 분이다.

　시간이 되었든, 일이 되었든 내가 눈을 떴다는 자체가 감사이다. 이에 더해 나를 기쁘게 할 그 무엇이 있다면 얼마나 기쁘겠는가. 여기에 출근을 기다리게 하는 그 누가 있어 그의 이야기가 기다려진다면 하루가 더욱 기다려질 것이다.

스스로 일을 즐겨라.

　일이 즐거운 사람은 일 속에서 보람을 느끼며, 자율적으로 일을 한다. 일이 즐거운 사람은 일 속에 의미를 부여한다. 시골 5일 장터에 가 보면 물건을 파는 아주머니들의 표정이 다르다. 어느 분은 신세를 한탄하듯 물건을 팔고, 어느 분은 혼신을 다해 물건을 판다. 혼신의 힘

5 열정과 자부심

을 다하는 분에게 발이 간다. 일식집에 들어가면 큰 소리로 "어서 오세
요."하며 밝게 맞이하는 집이 있다. 왠지 생선이 싱싱하다는 느낌을 받
는다. 더 일을 즐기는 사람의 모습은 어떨까? 일을 즐기는 사람은 주
어진 일에 의미를 부여하고, 그 속에서 자신을 하나로 만드는 사람이다.
일을 취미처럼 하는 사람이다. 취미생활을 하니 그 일이 얼마나 재미
있겠는가? 저절로 노래도 나오고 즐기게 된다.

일은 혼자가 아니라 함께 즐겨야 한다.

묵묵히 일만 하는 사람이 있다. 무표정하게 앉아 미동도 없다. 누군
가가 다가서기 어렵다. 많은 양의 자료를 검토하고 나름 두터운 보고
서를 작성하여 제출한다. 혼자서 일을 즐기지만, 주위와는 전혀 어울
리지 못한다. 물론 이 사람의 보고서가 더 구체적이며 잘 정리될 수 있
다. 그러나 어느 시간이 지나면 보고서에 폭넓은 회사 현안들이 반영
되지 못할 수 있다. 다른 차원에서의 검토가 이루어지지 않을 수 있다.
혼자만 일을 하다 보니 다양성을 추구하지 못할 경우가 있다. 설령 그
렇지 않다 하더라도 타 팀원에게 해악이 된다. 사무실에서 이야기를
나눌 수 없게 되고, 뭔가 재미있는 이벤트하기도 쉽지 않다. 한 명으로
인하여 사무실 분위기가 그 사람 수준 이하로 저하될 수 있다. 이런 상
황이 지속되면 출근하기가 싫게 된다. 단 한 사람 때문에.

신입사원은 무엇으로 성장하는가

어떻게 일을 즐길 것인가?

첫째는 일을 대하는 생각의 차이이다.

어느 순간 직업도 없이 몇 년을 보낸다고 생각해 봐라. 아내는 집 안에 있는 남편을 고운 시선으로 대하지 못할 것이다. 아이들도 평소에 대화도 하지 않던 아버지가 방 안에 있으니 힘들 것이다. 찾는 이도 없고 갈 곳도 없고. 한 달에 600만 원 이상을 벌었는데, 막상 시장에 나오니 100만 원 주는 일자리도 없다고 생각해 봐라. 회사가 망하고 다른 회사에 합병되어 구조 조정된 직원들이 몇 년이 지나 회사가 정상화되어 복직된 후에 쓴 자서전에는 이런 글이 있다. '마치 시베리아 벌판 한가운데 서 있는 느낌이었다. 회사가 다시 불러 주겠다는 약속을 믿고 나는 핸드폰을 손에서 놓은 적이 없었다.' 그들이 복직되었을 때, 현재 하고 있는 일과 과거에 했던 일이 직무는 같더라도 마음은 다르게 느껴질 것이다. 일을 즐기는 방법의 첫째는 일을 바라보는 마음이다. 주어진 일이 삶의 활력소라고 생각하는 사람과 일은 단순한 일일 뿐이라고 생각하는 사람의 차이이다.

둘째는 일을 나누어 함께 하는 것이다.

혼자서 일을 하다 보면 시너지 효과가 나지 않는다. 혼자의 생각은 한계가 있다. 함께 나누다 보면 새로운 이슈들을 깨닫게 된다. 다양한 생각들을 듣게 되고 성장하고 있음을 느끼게 된다. 물론 시간 낭비가 될 수도 있다. 여럿이 하기보다는 나 혼자 하는 것이 더 효과적이라고 생각할 수 있다. 결국 모든 일의 결과는 본인이 책임을 져야 한다. 한 번 더 고민할 수 있는 기회를 만들고, 나눔의 기쁨을 배워야 한다. 직위가 올라갈수록 자신이 하는 일보다 함께 하는 일의 범위가 넓어져 갈 수밖에 없다. 즐겁게 나누는 것을 배워야 한다.

셋째, 마감보다 항상 일찍 마무리한다.

누구든지 마감에 쫓기면 힘들다. 여러 복잡한 생각이 떠오른다. 잘못되지 않을까, 나를 무능하다고 생각하지 않을까, 마감 지나면 어떡하지 등등 온갖 잡념도 생긴다. 초조해진다. 다른 중요한 일이 부여되면 큰일이다. 마감 전에 끝내기라도 하면 온몸에 힘이 빠지고 쉬고 싶다는 생각밖에 없다. 다른 일들을 볼 여유가 없게 된다. 일을 이끄는 리더가 아닌 일에 치이는 일꾼이 되어 버린다.

만약 5일 안에 끝내야 할 일이라면, 항상 마감일자보다 1~2일 전에 마감하도록 일정을 가져가는 것이 좋다. 한 달이라면 1주일 앞에 끝내는 것이다. 마음속에 여유가 있어야 행동이 자유롭고, 넓은 발상을 하게 된다. 항아리도 비워져 있어야 새로운 물을 담을 수 있다.

신입사원은 무엇으로 성장하는가

찾아라, 없으면 만들어라

시키는 일만 하는 직원이 가장 무능한 직원이다.

신입사원으로 팀에 배치 받으면 시키는 일을 처리하기도 쉽지 않다. 솔직히 그 일이라도 잘해 주길 바랄 뿐이다. 그러나 신입사원이 기존 직원보다 일을 더 능숙하게 처리해 낸다면 그것은 이상할 수 있다. 처음 일을 잘 못하는 것이 당연하다. 생활하면서 조직장이 신입사원에게 바라는 바는 일을 능숙하게 잘 하는 것이 아니다. 그 일을 하면서 다른 생각으로 다양한 방안들을 제언해 달라는 것이다. 신입사원이 기존사원이 했던 동일한 방법으로 일을 한다면, 그 일은 항상 전임자 수준에 머물 것이다. 그렇다면 신입사원을 채용할 필요가 없다. 조직장으로 있으면서 가장 답답한 사람이 시키는 일만 하는 사람이다. 시킨 일은 잘해 오지만, 도전하려 하지 않는다. 새로운 과제를 제안하는 일이 없다. 하고 있는 일에 대한 개선 의지가 없다. 조직과 개인이 정체될 수밖에 없다. 조직이 태양만 바라보는 해바라기가 된다.

어떻게 일을 찾아 성과를 창출하게 만들 것인가?

개선하라! 개선하라! 아무리 강조해도 구성원들이 업무를 통해 개선 활동이 일어나지 않는다. 말보다는 움직이게 하는 장치가 필요하다. 룰의 설정이 중요하다.

인사기획팀의 조 팀장은 팀의 개선 활동을 촉진하기 위해 평가의 룰을 정했다.

연초 계획을 최선을 다해 수행했을 때는 B[60%] 정도이다. 당초 계획상에 있었으나 방법이나 내용을 획기적으로 바꾸어 개선 성과를 인정받았을 때가 A[20%] 정도, 당초 계획상에는 없었으나, 자발적으로 과제를 도출하고 수행하여 성과를 낸 경우가 S[10%] 정도이다. 당초 계획을 설정했으나 어떤 이유에서든 달성하지 못하면 무조건 C[10%]로 제시했다. 이러한 평가는 1년에 1번이 아닌 월 단위로 수행한 일을 기준으로 실시하기로 했다. 모든 팀원에게 월별 계획과 실적을 적고, 평가 기준에 의해 자기평가를 한 후 제출하라고 했다. 월별 실적표를 보며 면담을 해 줘야 하는 어려움도 있었지만, 가장 많이 개선된 팀원은 입사 2년 차인 유진 씨였다. 유진 씨는 당초 목표설정에 강한 불만이 있었다. 자신이 하고 싶은 일을 담당하지 못한 점도 있었지만, 도전적 목표설정이 안 되었기 때문이다. 유진 씨는 매월 새로운 과제를 제안한다. 사원식당 개선 등 기 시행했다가 보류된 사안, 안식년 도입 등 극단적이고 도전적인 사안, 여성인력을 위한 탁아소 운영 등 시기적으로 너무 앞선 사안들이 많았다. 그러나 일부 안은 즉시 해결해야만 하는 좋은 아이디어가 있었다. 이러한 아이디어를 끌어낼 수 있는 제도적 창구를 마련해 주니까 보다 적극적으로 도전하게 되었다. 유진 씨가 매달 도전적으로 업무 제안을 하다 보니, '잘 보이기 위해 너무 설친다.' 등의 주위의 질시도 있었다. 회의 때에도 좋은 의견을 제시하고, 본인의 업무 범

신입사원은 무엇으로 성장하는가

위를 넓혀 나가려는 후배의 모습에 갈수록 선배들도 한 명씩 동참하게 되었다. 주어진 업무를 처리하는 모습에서 스스로 업무를 찾아 발전시키는 모습으로 탈바꿈된 것이다.

#"개선할 일이 없습니다.", "아니죠, 개선할 마음이 없는 것입니다."

이 일을 시작한 지가 40년이 되었습니다. 더 이상 개선할 수가 없습니다. 생산 1팀에 근무하는 김 계장의 하소연이다. 올해 생산 현장의 목표는 30% 경비절감, 30% 생산성 향상이다. 30% 경비 절감을 위해 온갖 방법을 찾아보았다. 이면지 쓰기는 기본이고, 사적 전화 금지, 화장실도 수건 대체, 사무실 한 등 끄기, 나아가 금연운동까지 제안되었다. 김 계장은 조용히 듣다가 "그것 전부 전에 다 해 본 운동이다. 그렇게 해서 성공하여 효과 본 사례가 없다. 40년간 경비절감 노력을 했는데, 금번 30% 자체가 불가능하다."고 주장했다. 생산 1팀의 가장 고참인 김 계장의 말 한마디에 침묵이 흐른다. 이미 시작도 하기 전에 팀의 업무는 개선이라는 말도 꺼내기 어려운 상황이 되었다.

"김 계장님, 모두가 안된다고만 한다면, 누가 어떻게 목표를 달성하죠? 뭔가 해보기는 해야 되잖아요?" 구석에 앉아 있던 박주암 사원이 말문을 열었다. "우리가 1박 2일 Work Shop을 가서 무엇을 어떻게 할 것인가 집중적으로 고민하면 어떨까요?" 그의 제안에 모두가 동의했으나, 현장 업무 특성상 전원 참석하는 것은 무리였다. 결국 쉬는 조가

5 열정과 자부심

쉬지 않고 조별로 워크숍을 실시하고 그 결과를 조별 대표와 박주암 사원이 정리하여 최종 안을 만들기로 했다. 30% 경비 절감, 30% 생산성 향상이 아닌 50% 이상의 도전적인 목표가 제시되었다. 수없이 많은 아이디어가 제시되었다. 50% 목표라면 단순한 절감 차원의 안으로는 달성할 수가 없는 수준이었다. 프로세스 개선 등의 절감만이 아닌 매출과 이익을 올리기 위한 아이디어들이 많았다. 10가지 안을 선정하여 1년 후 기대효과를 분석해 보았다. 당초 목표인 50%에 다소 못 미치는 수준이었다. 박주암 사원은 '우리의 결의'라는 주제로 전 구성원의 사인을 받아 팀장에게 제출했다.

개선할 수 없는 것이 아니라 개선할 마음이 없는 것이다.

편하면 죽습니다. 저에게 기회를 주세요

삶아져 가는 개구리가 되고 있는 것 아닌가?

작년 1년 차 신입사원 시절을 돌아본다. 팀의 입장에서 보면, 보호 및 관찰 대상이었다. 군대에서 보호, 관심병사라는 말이 있듯이, 보호와 관심 속에서 나에게 주어진 일은 그리 많지 않았다. 적어도 내가 생각하기에는 중요한 일은 없어 보였다. 팀의 선배들은 해외 출장, 각종

신입사원은 무엇으로 성장하는가

보고는 물론이고 금리 변동에 신경을 곤두세우며 이곳저곳에 전화를 한다. 경영층의 호출도 잦았고 매일 야근이다. 그러나 나는 야근을 한 적은 별로 없었다. 저녁 시간에는 내가 좋아하는 운동과 다른 취미 활동을 할 수 있었다. 사실 너무나 편했다.

신입사원에 대한 팀장을 비롯한 팀원들의 기대 수준도 그리 높지 않았다. 그저 사고 안 치고, 인사만 잘해도 좋은 신입사원이라는 소리를 들었다. 사소한 실수가 있어도 신입사원이라는 이유로 혼나지 않았다. 처음에는 바쁜 선배들을 보며, 나도 저렇게 일을 해야지 하는 마음이 있었다. 그러나 어느 순간 이러한 생각은 사라지고 편한 생활에 적응하게 되었다. 마치 점차 따뜻해져 가는 물속에 삶아져 가는 개구리처럼.

6개월이 지난 어느 날, 갑자기 이렇게 회사생활을 하면 무엇이 될 것인가 고민하게 되었다. 어찌 된 일인지 6개월 동안 내 주 담당업무가 없었다. 타 회사에 입사한 친구들은 조그만 프로젝트이지만, 프로젝트 리더가 되어 벤치마킹하기 위해 일본에 간다고 한다. 일본어를 모르던 친구였는데, 업무가 일본과 밀접한 관계가 있어 사내 일본어 과정을 받고 2개월간 일본어 생활관에서 집중 교육을 받았다고 한다. 충격과 반성이 몰려왔다.

\# 업무 분장을 조정해 주세요.

연말 임원/팀장 인사에 이어, 연초 사원 인사 등의 대대적인 조직 이동이 이루어지고 새로운 업무 분장이 나왔다. 국내 출장 중인 관계로 업무 분장 회의에 참석하지는 못했다. 새롭게 통보받은 업무 분장표를 보면서 또 한 번 충격을 받았다. 작년과 동일한 지원업무가 전부였다. '이런 중요한 결정을 내리는 회의에 왜 나에게 참석통보를 하지 않았을까?', '아직도 나를 신입사원으로 보고 있는 것일까.', '언제까지 이런 낮은 업무만 하란 말인가.', '결국, 나는 이렇게 끝나는 것일까.' 온갖 생각이 다 들었다. 작년 반성 이후, 6개월간 팀의 막내로서 팀 내 구석구석을 살핀 결과 팀 내에서 이루어지는 주요 업무와 팀 내 역학관계에 대해서도 알 수 있게 되었다. 스스로도 이제는 일을 본격적으로 해 볼 준비가 되었다고 생각하고 있었다. 그러던 찰나에 업무 분장표를 받았고 2년 차가 수행하기에는 너무나 단순한 내용이었다. 한참을 고민했다. 보다 도전적인 업무와 팀 내 주요업무를 담당해야 한다고 생각했다. 표를 뚫어져라 쳐다보면서, 내 머리를 스치고 지나간 생각은 드디어 나도 팀의 진정한 일원이 되어 같이 업무를 수행해야겠다는 각오였다. 동시에, 팀에서 나에게 기대하는 수준이 작년과는 사뭇 달라지고, 그 기대에 내가 꼭 부응해야 한다는 생각이 들었다.

\# 기왕 맡았으면 제대로 하자.

새로운 업무 분장표를 받은 그날 저녁, 집으로 가 졸업하고는 쳐다보지도 않았던 전공 서적을 꺼내 들었다. 먼지를 털어내고 한 장 한 장

신입사원은 무엇으로 성장하는가

넘기면서 내가 맡게 될 업무와 관련된 부분들을 탐독하였다. 깨알 같
은 글씨로 필기가 되어 있는 부분을 읽으면서 그 당시 '이런 걸 배워서
대체 어디다 써먹는다는 거야?'라는 생각을 했던 내 자신이 떠올라 약
간은 부끄럽기도 하였다.

　야구장 마운드에서 위기 상황에 투수 교체를 하며 공을 넘기는 감독
의 표정을 유심히 보았는가? '난 널 믿는다. 잘해라.' 말을 하지 않아도
표정과 눈빛을 보면 알 수 있다. 지금은 결코 편한 상황이 아니다. 편
해서도 안된다. 나에게 기대하는 사람이 있고 기대하는 바가 있는 한
난 행복한 사람이다. 나를 위해서도, 그들을 위해서도 목표를 이루어
야 한다.

3 : 성장을 꿈꾸다

세계는 넓고 할 일은 많다

왜 우리는 내부 직원만 만납니까?

많은 대학생들이 어학연수를 다녀온다. 대부분 영어회화 능력의 향상이 목적이지만, 보다 넓은 세상으로의 동경도 목적 중에 하나일 것이다. 인종과 성과 나이가 다른 사람과 대화를 나누며 그들의 문화를 배운다. 익숙함으로부터의 결별 그 자체가 충분한 자극과 시사점을 제공한다. 이렇게 대학 생활을 만끽한 후 국내 사업을 주로 하는 대기업에 들어온 후, 가장 먼저 느끼는 것은 답답함이다.

주어진 틀 안에서 정형화된 일의 반복이다. 비교의 대상은 주로 국

신입사원은 무엇으로 성장하는가

내 선두기업이다. 왜 채용 시 일정 수준의 영어점수를 요구하며 회화 테스트를 하는지 이해가 안된다. 입사 1년 동안 단 한마디 영어를 쓴 적이 없다. 해외출장 가서 바이어와 상담하고 계약서에 도장 찍는 일은 영화에서나 가능한 이야기이다. 점심, 저녁 만나는 사람은 전부 내부 사람이다. 외부 사람을 만나 해결하는 일이 아니다. 오래 근무하기 위해서는 내부 사람과의 관계가 좋아야 한다. 이런저런 이유로 대학 동기들 만나는 일도 눈치가 보인다. 월요일 팀 미팅도 온통 내부 이야기이다. 누가 어떻게 되었고, 어느 부서에 무슨 일이 발생했느냐가 화제다. 어느 순간 이러고 있는 자신이 한심해진다.

우리의 경쟁은 국내가 아닌 세계입니다.

회사의 인적 경쟁력 수준을 파악하여 보고하라는 지시를 받았다. 고민은 비교 잣대였다. 어느 기업과 비교하여 우리의 수준을 판단하느냐에 대해 선배들에게 의견을 구했다. 전원이 국내 1위 업체인 A회사였다. 이 회사와 비교하면 매출과 인원은 1.6배, 당기 순이익은 4배 이상 차이가 있었다. 국내 마켓에서의 시장 점유율은 A회사가 30년 넘게 1위를 유지해 왔다. 시장 점유율 순위가 바뀐 적은 단 1번도 없었다. 팀 내 대부분의 선배들은 A회사의 기초자료를 갖고 있었다. 팀장도 A회사와의 비교를 당연한 것으로 받아들이는 눈치였다.

월요일 팀 회의 시간이었다. 나는 시작에 앞서 "어째서 우리 회사는

5 열정과 자부심

선진 기업과 비교하면 좀 더 성장할 수 있는 해결방안이 눈앞에 있는데 하지 않느냐."고 했다. 선배들은 많은 이유를 제시했다.

첫째, 비교 자체가 되지 않는다. 워낙 규모차가 크다 보니 자칫 허구가 될 수 있다고 한다.

둘째, 하고 있는 사업의 본질이 다르다고 한다. 내 회사는 중저가를 중심으로 한 마케팅을 강조하는 회사이다. 그러나 선진 기업들은 고가의 차별화된 마케팅을 하고 있었다.

셋째, 기업문화이다. 선진 기업들은 "밖에 나가라. 우물 안 개구리가 되지 마라."기회만 되면 글로벌 경영을 강조한다. 우리는 외부와의 접촉을 사실상 제한하는 문화이다.

출장 기회가 없다 보니 휴가를 활용하여 직접 선진 기업을 방문했다.

회사 연수원에 자신들의 제품과 세계 1위, 2위 제품과의 비교를 해 전시하고 있었다. 많은 제품이 1위이지만, 2위와의 갭이 작음을 강조하고 있었다. 2위 제품은 매년 조금씩 그 갭을 줄여 나가고, 1위 제품은 그 차를 넓혀 나간다고 한다.

우리가 국내를 지향하면 할수록 그 차는 점차 더 넓어져 갈 수밖에 없는 구조였다. 돌아와 보고서를 작성하였다. 우리의 병폐가 국내 지향임을 지적하고, 선진 기업의 글로벌 경영과 그들의 노력을 강조하였다. 우리의 경쟁상대는 국내 A기업이 아닌 세계적 기업인 해외 선진 기업임을 강조했다.

신입사원은 무엇으로 성장하는가

이런 일을 해야 한다.

삼성의 임원들은 국내 1위라는 이야기를 하지 않는다. 세계 1위만을 생각한다. 세계 1위가 어디이며, 세계 1위하고 어느 정도 차이가 있고, 우리가 따라잡기 위해 이런 전략을 지금 실행하고 있다고 한다. 결코 국내 어느 기업과의 차가 어느 수준이며 그 차이를 뛰어넘기 위해 이런 노력을 하고 있다는 말은 하지 않는다. 실제로 반도체 메모리 사례가 이를 증명한다. 삼성인들은 보다 높은 목표를 중심으로 움직인다. 뭔가 남과 다른 방법을 더 추구한다. 과거의 자료와 경험에 얽매이지 않고 자신만의 결정을 내려야만 한다.

이 결정이 회사의 미래를 밝히게 된다.

기왕 일을 하는 것이라면, 웃으며 성과를 내야 한다고 생각하고 있다.

이런 마인드를 바탕으로 기초체력, 방향설정, 전략탐구를 하고 마지막으로 도전을 갖춘 인재가 되어 간다. 그는 국내가 아닌 해외로 돌아다니며 회사가 가져가야 할 방향과 전략을 고민한다. 가는 곳마다 메모지를 꺼내 뛰어난 점을 적는다.

1등이 되려는 노력, 아무도 해 보지 않은 일에 대한 도전, 그리고 회사를 한 단계 끌어올릴 수 있는 일에 매달려야 한다. 물론 이런 일들은 신입사원 혼자 추진할 수 없다. 그러나 마음속에서는 이런 일을 해내야 하고, 하고 있어야 한다.

주도권을 잡는 사람이 된다

용 꼬리가 되기보다는 뱀 머리가 되라.

　일을 하다 보면 스스로 제안하여 한 일에 관심이 더 간다. 그 일이 비록 중요한 일이라 하더라도 갑자기 지시 내려진 일이라면, 하긴 하지만 왠지 내 일이라는 생각이 덜 들 때가 있다. 관계에 있어서도 마찬가지이다. 직위가 올라갈수록 업무에 대한 의사결정을 많이 하게 된다. 일의 담당자로서 주도권을 갖고 일을 하게 된다. 신입사원 입장에서 보면 나는 언제 저렇게 될까 희망하기도 한다. 대부분의 회사에서는 신입사원에게 일을 가르친다는 생각으로 선배들 일의 일부를 지원하는 수준으로 일을 할당한다. 신입사원들이 조직과 직무에 실망을 느끼게 되는 이유이기도 하다. 일을 통한 자부심과 성취감을 느끼게 해 줘야 한다. 이를 위해서는 단순 지원 업무는 분명 아니다. 담당자가 되도록 해야 한다.

　1년 차 신입사원인 박창규 사원은 교육 부서에 배치되어 선배들을 지원하여 교육운영업무를 담당했다. 대상자 선정 및 교육 통보, 교재와 좌석 세팅, 강사 소개 및 접대, 교육준비물을 점검하고 과정 정리하는 것이 대부분 일이었다. 바쁘긴 하지만 단순한 일이었다. 3개월이 지나자 신임대리 과정을 진행하라고 했다. 승진한 신임대리를 중심으로 동일한 업무를 수행했다. 1년이 지난 지금 박창규 사원은 팀장 과

신입사원은 무엇으로 성장하는가

정, 신임과장, 신임대리 과정을 담당한다. 그러나 그가 교육 내용을 개발하여 자신이 사내 강사로 성장하지 못했다. 여전히 선배들과 함께 교육생 선정과 교육 통보, 교육 준비, 운영 및 과정정리를 하고 있다. 그의 머릿속에서는 빨리 교육을 벗어나, 고민하고 의사결정하는 업무를 희망한다.

강준호 사원은 1년에 50명 수준의 신규인력의 채용을 총괄하게 되었다. 한번도 해 보지 않은 업무이지만, 내 손으로 우리 회사의 경영자로 육성될 사람을 채용한다는 목표로 기존 업무 프로세스를 살펴보았다. 먼저 채용 예정인원보다 100배 이상의 입사지원서를 살피는 것이 문제였다. 1차 인적성검사 후 10배수 정도의 인력에 대해 입사지원서를 전부 복사하여 면접관에게 주는 일도 엄청났다. 면접관들의 여러 요구사항을 수용하기도 쉽지 않았다. 강준호 씨는 채용 프로세스의 전산화가 안되면 채용의 경쟁력은 없다고 판단했다. 타사 벤치마킹과 채용 프로세스에 대한 지식을 바탕으로 전산팀과 공동 작업을 하였다. 3개월 후에 회사에서 입사지원서 복사가 사라졌다. 모든 면접관은 개인 PC를 들고 와서 PC의 입사지원서를 보고, 평가표를 작성해 전송해 주기만 하면 되게 되었다. 3명이 매일 야근하던 업무를 한 명이 할 수 있도록 개선한 것이다. 자기에게 업무의 의사결정 전부가 맡겨지면 새로운 눈으로 업무를 바라보게 된다. 자연스럽게 개선이 일어난다. 그러나 선배 업무를 지원하거나, 팀의 공통 업무를 담당하게 되면, 몰입의 정도가 떨어진다. 흥이 나지 않는 법이다.

업무를 이끌되, 책임도 져야 한다.

박철호 사원은 회사의 공통역량을 행동으로 구체화하여 구성원들에게 지침이 되도록 하면 어떻겠느냐는 의견을 냈다. 모두가 좋은 의견이라고 했고, 가치체계 실천 프로젝트라 명명하고 책임자를 박철호 씨가 담당하도록 했다. 박철호 씨는 업무를 크게 셋으로 나누었다. 첫째는 공통역량에 대한 정의와 직위별 행동특성으로 기술하는 업무이다. 둘째는 자신의 수준을 진단하는 프로세스로, 역량 행동특성별로 상사, 본인, 부하동료가 체크하여 자신이 어느 수준에 있는가 레이더 차트로 보여주게 한다. 셋째는 역량 수준별 교육 프로그램의 설계이다. 창의력이라면 상-중-하로 나누어 각 수준별 국내 교육프로그램을 연계하는 계획이었다. 이 프로젝트를 위해 내부 TF를 구성하였고, 외부 전문 컨설팅 기업을 선정하였다. 신입사원이 하기에는 쉽지 않은 일이었으나, 처음 선배들의 조언을 받아 가며 내부 TF인력과 외부 컨설팅 직원을 조율해 갔다. 전체 방향, 범위, 일정이 정해지고 업무분장이 끝났다. 역량에 대한 정의는 기 수립되어 있어 구성원의 혼란을 방지한다는 차원에서 유지하기로 했다. 문제는 행동특성이었다. 정의하는 방법, 내용의 수준, 직위별 차별성을 놓고 토론이 이루어졌다. 결론이 나지 않고 토론을 위한 토론이 진행되었다. 전산 시스템을 구축해야 하는 파트에서는 빨리 결정해 달라고 요청했다. 내부 인력들은 자신의 업무가 바쁘다는 이유로 회의에 참석하지도 않았다. 컨설팅 직원들은 대안을

신입사원은 무엇으로 성장하는가

제시했으니 결정을 해 달라고 했다. 박철호 씨는 임의로 사원급, 관리자급, 팀장급으로 나누고, 역량은 7점 척도로 결정했다. 전산화 작업이 이루어지기 전에 중간보고를 하면 어떻겠느냐는 TF인력의 요청이 있었다. 박철호 씨는 일정이 늦어짐도 있고 해서, 전산화 작업을 마치고 가시적인 결과를 보여 주는 것이 옳다고 결론지었다. 한 달이 지날 무렵, 팀장의 업무 보고를 하라는 지시를 받았다. 전산화 작업을 마치는 다음 달 종합보고를 하겠다는 의견은 받아들여지지 않았다. 업무 보고를 하면서 박철호 씨는 중간 중간 자신이 의사결정한 부분에 많은 지적을 받았다. 무엇보다 TF인력과 컨설팅 직원에 대한 리더십이 문제시되었다. 독단적이며 조정을 하지 못한다는 지적이 많았다. 박철호 씨는 회의 도중 격양된 표정으로 있다가 퇴사하겠다며 중간에 회의장을 박차고 나갔고, 팀장은 프로젝트 리더를 교체하는 것을 심각하게 고민하였다.

자신이 담당한 업무가 항상 순조롭게 진행되지는 않는다. 중간에 많은 문제들이 있다. 그 가운데 가장 큰 문제는 업무 그 자체보다는 사람 관계이다. 상사, 선배, 동료 그리고 업무에 포함되어 있는 사람들을 하나로 잘 이끌어야 한다. 사전에 요청하고 지원이 필요하며 간절하게 부탁해야 한다. 함께 의사결정에 참여하여 내가 결정에 기여했다는 생각을 갖게 해야 한다. 책임질 줄 알아야 한다. 잘못된 부분이 있으면 인정하고 최단 시간 내 원점으로 돌리거나, 부담을 최소로 해야 한다. 그만둔다고 해결될 일이 아니다. 직장에서 일에 대한 책임을 진다고

5 열정과 자부심

중간에 그만두는 사람이 역으로 가장 무책임한 사람이다. 일을 끝내고 그 결과에 대해 책임을 지는 사람이 되어야 한다.

일과 생활에 균형을 갖는다

나는 앞만 보고 달렸다.

55세가 넘은 선배들과 요즘 신세대에 대해 이야기하다 보면 꼭 나오는 말은 너무 이기적이라는 것이다. 할 일이 남았는데도 퇴근을 하지 않나, 주말에 나와 일을 함께 하자고 하면 짜증을 낸다고 한다. 그러면서 덧붙이는 말은 우리 때에는 직장이 전부였다는 것이다. 그 당시는 힘든 시절이었기 때문에 직장을 그만두면 가정을 이끄는 데 어려움이 많았다. 직장을 갖고 있는 사람은 그 곳이 평생직장이었다. 사실 평생직업의 의미는 없었다. 성장의 시점이기 때문에 닥치는 대로 일을 했다. 관리업무를 하다가, 제조 현장에 가고, 물건이 나오면 영업도 했다. 회사에 대한 애사심 하나로 해야 되기 때문에 했다고 한다. 말 그대로 앞만 보고 달렸다고 한다. 이 선배님들은 가족을 생각할 틈이 없었고, 사업이 성장함에 따라 집은 하숙집에 불과했다.

물론 이분들의 이러한 노력으로 일인당 소득 100불밖에 안되던 우리

신입사원은 무엇으로 성장하는가

나라가 인당 소득 이만 불이 되었다. 반면, 그들은 너무나 많은 것을 잃어버렸다. 자식들과 대화가 끊긴 지 오래 되었고, 아내도 말을 하지 않는 것을 더 편하게 생각한다. 퇴직하고 난 후의 노후생활을 한 번도 생각해 본 적이 없기 때문에 정작 퇴직하고 할 일이 없다. 일만 하고 살아왔기에 새로운 사람 만나는 것도 어색하고 왠지 싫다. 자연 방구석에서 텔레비전을 보며 늙어 가는 자신을 한탄한다.

어떻게 일과 생활의 균형을 찾아 갈 것인가?

일벌레가 되는 것도 한 방법이다. 그러나 노후에 뭔가 즐길 수 있는 일이 되어야 한다. 퇴임 후 단절되어서는 곤란하다. 이를 위해서 첫째, 평생 취미를 만든다. 젊었을 때 취미활동을 틈틈이 하여, 은퇴 후 이 취미활동이 본업이 된 분들을 몇 명 안다. 테니스가 좋아 공장에서 근무하면서 자투리 시간에 공부하여 국제 테니스 심판이 된 한 선배님은 지금도 젊은이들과 테니스를 갖고 토론의 불을 밝힌다. 도자기 만드는 취미를 가진 형은 선생님들과 감사를 해야 하는 지인들에게 자신이 만든 도자기를 선물로 준다. 자신의 약관을 찍어 정성으로 만들었다며 미소 짓는다. 도자기를 받는 사람들이 더 고마워하는 것은 당연하다.

둘째, 생활의 중심인 가족들과 함께하는 시간을 즐기는 것이다. 여행을 가더라도 자식들에게 순번을 정해 몇 월 가족 여행을 누가 계획을 짜고 추진하라고 하면 보다 다양한 프로그램을 즐기며 가족이 하나가 되는 여행이 된다.

셋째, 가장 중요한 것은 내 마음 속의 균형이다. 하나의 일이 끝났을 때, 자신에 대해 특별한 세리머니를 하는 것이다. 다른 사람들에게는 선물을 주며 축하해 주는데, 정작 자기에게는 소홀히 하는 것 아닌가? 무슨 일이나 계획이 달성되었을 때, 자신에게 조그만 선물을 주는 것이다. 예를 들어 이 프로젝트가 5월에 끝나면, 나는 6월에 2박 3일의 국내 여행을 간다. 등이다. 내 마음속에 일에 대한 집착과 생활의 안정과 평화가 함께해야 한다. 어느 한 쪽에 어느 순간까지는 차등이 있을 수 있다. 그러나 아무리 바빠도 다른 한쪽을 잊어서는 안된다.

일과 생활의 균형은 본인 스스로 만들어 가는 것이다.

사실 신입사원에게 일과 생활의 균형을 가져가라고 이야기하는 것은 무리일 수 있다. 본인이 스스로 만들어 가야 한다. 다만 상사의 입장에서 볼 때, 너무나도 철저하게 자신의 입장을 주장하는 것은 고려해야 한다. 퇴근 후의 잔업을 싫어하고, 회식하는 것도 몇 주 전에 선약을 해야 하는 수준까지 가면 곤란하다. 조직장들이 살아온 시대와 환경을 인정해 줘야 한다. 팀장들이 갑자기 약속을 정하고, 무조건 밤새워 일을 끝내라 하는 것에 대해 불만을 가지기 전에 한 번 더 생각해 봐야 한다. 그들에게는 그들의 문화와 인식이 있다는 것을 인정해 주고, 자신도 변화시켜 가야 한다. 일과 생활의 균형을 매일 일과 속에서 실

신입사원은 무엇으로 성장하는가

천하는 것도 중요하다. 아침에 출근하여 오늘 해야 할 중요한 일 6가
지를 적는다. 당일 해야 할 직무, 가족, 연초 세운 목표 중 금일 해야 할
일, 취미 등 개인생활 등으로 나누어 매일 6가지를 정해 가능한 한 달
성해 나간다. 이러한 활동이 보다 장기화되어 습관화되면 가정과 자신
의 미래를 준비하며 현재의 일에 성과를 올리는 보다 바람직한 모습으
로 변해 가는 자신을 볼 것이다.

오늘? 아니 내일이다

내일을 꿈꾸는 사람이 되어라.

오늘을 강조하는 많은 교훈이 있다. 이 중에 가장 와 닿는 "지금 이
순간은 어제 죽어간 사람들이 그토록 갈망하던 바로 그 시간이다."라
는 말을 생각할 때마다 자칫 해이해져 가는 마음을 바로잡는다. 아침
에 일어나면 가장 먼저 깨어있음에 감사해야 한다. 몸과 마음에 심한
고통을 느끼고 있거나, 목표가 없는 사람은 아침이 밝아옴이 더 괴로
울 수 있다. 그러나 대부분의 사람들은 생각 그 자체가 없을 수 있다.
일상의 반복인 것이다. 연로하신 아버지께서 사랑스런 아들의 손을 붙
잡고 "애야, 네가 어릴 적, 내가 심하게 했던 일 생각나니? 아버지는 마

음 속 깊은 곳에서 용서받고 싶었단다. 이제 용서해 줄 수 있겠니?”하며 세상을 떠났다면, 아버지를 용서해 드리지 못한 나의 심정은 시간 없음에 큰 한이 될 것이다. 사랑하는 여인이 애인의 손을 잡고, 사랑을 고백하지 못하고 세상을 떠날 때도 같은 심정일 것이다. 이런 중요한 시간을 나는 지금 일상의 반복으로 아무 생각 없이 보내고 있는 것이다.

이제 생각을 바꿔 오늘이 아닌 내일을 생각한다.

오늘도 아무 생각 없이 보낸다면, 내일은 분명 오지만, 암울할 것이다. 오늘을 바삐 사는 사람들이 내일을 보다 꿈꾸고 있다. 내일이 있기 때문에 오늘 참을 수 있는 것이다. 1960년대 우리의 아버지 세대는 자신이 못 배운 한恨 때문에, 더 나은 인생을 위해 자신은 굶어 가면서 자식은 대학까지 교육시켰다. 시골에 와서 농사일 돕는 것도 못하게 했다. 오직 공부만 하라고 했다. 그분들에게는 오늘을 살아가는 이유가 내일 내 자식이 잘되는 모습이었다. 그 꿈 때문에 그 힘든 시간들을 참아 낸 것이다.

지금 나는 내일을 위해 오늘 투자하거나 참고 있는 것이 있는가? 깊게 생각해 볼 문제이다. 보다 바람직한 모습을 형상화하여 지금 달성된 것과 같은 마음을 실천해 나가야 한다. 미래에 대한 확신을 갖고 있어야 한다. 나의 위치에서 마음껏 웃을 수 있는 자신감이 자리 잡고 있어야 한다. 어떠한 역경이 오더라도 그것은 필히 달성된다는 확신이 있어야 한다.

신입사원은 무엇으로 성장하는가

팀장님, 저는 경영자가 되고 제 사업도 갖고 싶습니다.

김휘 씨를 보면 우선 활력이 넘친다. 항상 웃는 모습에 하는 행동이 시원시원하다.

주어진 업무 처리도 여러 선배들에게 물어가며 완벽을 기하고, 반드시 대안을 갖고 이야기한다. 저녁 후에 월, 수, 목은 강남의 학원에 가서 회화 공부를 하고, 화요일은 자신이 만든 연구회에서 주 단위 토론을 가진다. 연구회는 사내 직원뿐 아니라 외부 기업체와 연구소 및 공무원이 참가한다. 처음에는 대학 동기에게 부탁했지만, 협회에 입소문이 나면서 매주 20여명이 모여 사례도 발표하며 토론의 시간을 갖는다. 금요일만 회사 동료들과 즐기는 시간이란다. 새롭게 만난 사람에게는 반드시 만난 그날 메일을 보내 만남의 기쁨을 나누며, 감사의 인사를 전한다. 주소록을 관리하여 좋은 자료가 있으면 공유해 준다. 업무도 별도 폴더체계를 만들어 체계적으로 관리해 나간다.

그의 꿈이 무엇이냐고 물으면, 서슴없이 경영자가 되어 큰 경영을 해 보고, 사회에 나가 자기 사업을 해 보는 것이라고 한다. 이를 위해 오늘을 준비하며 이 일이 즐겁다고 한다.

저에게는 꿈꾸는 내일이 더 중요합니다.

누구나 수습기간이 끝나고 업무가 떨어지면 정신을 못 차린다. 반쯤

혼이 나간 사람들처럼 어찌할 바를 모른다. 욕심은 많고 무엇을 요구하는지 잘 모르기 때문에 매일 의자에 앉아 일어날 줄을 모른다. 미래를 생각할 시간이 없다. 이런 모습으로 3개월이 지나면 바로 후회한다. 중간에 상사로부터 호된 질책이 있거나, 무시당했다는 생각이 들면 더 빨라진다. 이러기 위해 내가 직장을 택했나 하며 하루에도 열두 번씩 퇴사를 생각한다. 정두식 씨의 하루가 이러했다. 멘토인 선 차장이 그의 이런 행동에 일침을 가했다. "너는 꿈을 잃은 사람이다. 너의 미래는 안개가 아닌 암흑이다. 네가 무엇이 되려고 그러니?" 질문은 속사포로 이어졌고, 당황한 정두식 씨는 울분과 창피로 얼굴이 붉어졌다. 선 차장은 차디찬 얼음보다 더 냉정하게 매일 과제를 3가지씩 주고 퇴근 전까지 확인을 받았다. 또 다시 3개월이 지났다. 정두식 씨는 요즘 업무로 지적받는 일이 없다. 팀의 고참들이 하는 업무를 인수인계 받고 처리 중이다. 해당 분야의 국제 자격증을 보유하고 있는 선 차장을 따라 국제 자격증 공부를 준비하고 있다. 매일 주어진 3가지의 과제는 사실 자격증을 따기 위해 선 차장이 했던 업무 영역별 과제였던 것이다. 선 차장이 정두식 씨를 이끈 방향은 단 하나였다고 한다. '너에게는 오늘보다 꿈꾸는 내일이 더 중요하다. 사람들이 너를 찾아오게끔 만들어라. 시장에서 너의 가치를 같은 분야에 있는 사람들이 인정하게 만들어라. 네가 수행하고 있는 업무의 전문가가 되어 너를 후배들이 추종하게 만들어라.' 정두식 씨는 요즘 이렇게 이야기한다. "저에게는 꿈꾸는 내일이 있습니다. 그 내일을 위해 오늘 이렇게 기쁠 수 있습니다."

신입사원은 무엇으로 성장하는가

신입사원만의 패기와 비전으로
대한민국 방방곡곡에
행복한 에너지를 전파해
주시길 기원드립니다!

권선복

도서출판 행복에너지 대표이사
대통령직속 지역발전위원회
문화복지 전문위원

　요즘 우리 젊은이들은 그 어느 때보다 힘겨운 삶을 살아갑니다. 학업에 매달려 청소년기를 보내고 나면 높다란 취업의 문턱을 넘기 위해 치열한 경쟁 속에 뛰어듭니다. 간신히 원하는 회사에 입사하더라도 적응을 하지 못해 곧 퇴사를 하는 친구들도 부지기수입니다. 그렇게 꽃다운 청춘을 허비하는 청년들을 볼 때마다 안타까운 마음을 금할 수 없습니다. 적어도 사회에 진입한 이후에는 최대한 시행착오를 줄이고 꿈과 성공을 위해 전진해야만 합니다.

『신입사원은 무엇으로 성장하는가』는 신입사원이 갖춰야 할 자세, 회사생활의 노하우, 미래의 리더로서의 비전 등에 대해 심도 있는 연구와 생생한 예시를 통해 제시한 책입니다. 이 책의 저자는 30년간 삼성, GS 칼텍스를 거쳐 KT&G에서 근무 중인 인사제도 설계·운영의 전문가입니다. 저와 중학교 동기동창이기도 한 저자는 이미 학창 시절부터 성실함은 물론이요 남다른 패기를 갖춘 친구였습니다. 이제는 책과 강연을 통해 전국의 수많은 직장인들에게 사회생활 노하우를 전파하는 전문가로서 대한민국의 발전에 기여하고 있습니다. 젊은이들에게 꿈과 희망을 줄 수 있는 좋은 원고를 출판할 수 있게 한 홍석환 저자에게 힘찬 응원의 박수를 보내며 더 큰 걸음 보여줄 것을 믿어 의심치 않습니다!

대한민국은 남부럽지 않은 경제성장을 이루었지만 그 어느 세대든 힘들지 않았던 적은 없습니다. 시련이 있기에 성장이 있다는 사실을, 절대 포기하지 않는다면 반드시 기회는 오고 꿈은 이루어진다는 사실을 우리 젊은이들에게 전하고 싶습니다. 이 책을 읽는 독자분들의 미래에 행복과 긍정의 에너지가 팡팡팡 샘솟는 나날이 계속되시기를 기원드립니다.

사람은 다 다르고 다 똑같다

민의식 지음 | 값 15,000원

책 『사람은 다 다르고 다 똑같다』는 '소통'을 통해 자신의 행복한 삶을 도모함은 물론 그 주변, 나아가 세상의 행복을 이끄는 방안을 다양한 사례를 통해 제시한다. 다양성과 다름을 인정하고 이를 조화시키고 통합함으로써 가정과 학교, 직장, 사회 그리고 국가 내에서 소통을 도모하는 방안을 역사적, 인문학적 관점으로 풀어나간다. 현재 우체국시설관리단 경영전략실장으로 재직 중인 저자가 30여 년의 직장생활과 다독多讀을 통해 체득한 삶의 노하우 또한 곳곳에서 빛을 발하고 있다.

꽃할배 정우씨!

김정진 지음 | 값 15,000원

이 책은 처음부터 끝까지 '행복을 찾아가는 여정'에 집중한다. 노숙자 할배가 영화제 감독상을 수상하고, 초등학교도 못 나온 할매가 영화감독으로 변신한 놀라운 감동실화에서 우리는 삶의 희망과 용기를 다시 얻는다. 우리가 그토록 찾아 헤매던 행복의 비밀이 『꽃할배 정우씨』를 통해 세상에 공개된다.

사장이 붙잡는 김팀장

홍석환 지음 | 값 15,000원

『사장이 붙잡는 김팀장』은 30년간 삼성 그룹사, GS칼텍스 등의 대기업에서 조직문화 형성, 인사기획, 인재개발을 해온 인사 전문가인 저자가 가상의 인물인 김철수 팀장을 통해 팀장으로서 무엇을 버리고 무엇을 해야 하는가를 제시한다. 기업의 성장을 실질적으로 이끄는, 중간 관리자인 팀장이 '어떤 마음가짐을 가져야 하는가? 어떻게 방향을 잡고 조직과 사람을 이끌어야 하는가? 어떻게 실행해야 하는가? 어떻게 자기관리를 해야 하는가?'에 대해 다양한 사례를 중심으로 풀어내고 있다.

시가 있는 아침

이채 외 33인 지음 | 값 15,000원

책 『시가 있는 아침』은 어렵사리 가슴에 담은 믿음 하나로 나름의 구심점과 보람을 찾으려는 다양한 분야의 사람들이 모여, 이를 작품으로 체화한 시 모음집이다. 비록 전문 작가는 아니지만, 정성 들여 써 내려간 작품들을 조심스레 독자들에게 건네고 있다. 그들이 전하는 이야기 속에는 세월이, 자연이, 일상이, 철학이 자연스레 녹아들어 있다. 난해하고 지루한 문학작품이 아닌, 우리네 일상을 그려낸 작품들이기에 더욱 공감을 불러일으킨다.

내 인생 주인으로 살기

박동순 지음 | 값 15,000원

책 『내 인생 주인으로 살기』는 국방부 군사편찬연구소에서 근무 중인 저자가 36년간 군 생활을 하며 후배와 동료들에게 당부하고 싶은 조언과 서로 교감했던 내용들을 담고 있다. 리더십을 바탕으로 내 인생의 주인으로 살아가기 위해, 나아가 가정을 화목하게 꾸리고 험난한 세상살이 속에서 주인의 삶을 살기 위해 필요한 사항들을 펼쳐놓는다.

위대한 고객

이대성 지음 | 값 15,000원

책 『30년차 경찰공무원이 말하는 위대한 고객』은 30년차 경찰공무원이 현장 일선에서 직접 경험하고 느낀 바를 가감 없이 전하고 있다. 구체적인 경험담을 통해 설득력을 높이고 있으며, 그를 토대로 대한민국 경찰이 가져야 할 마음가짐과 나아갈 방향에 대하여 자세하게 풀어내고 있다. 개인, 경찰 조직을, 더 나아가 국가의 비전에 대해서도 생각해 볼 시간을 갖게 하며 국민에게 사랑 받기 위한 경찰이란 무엇인지 이야기한다.

이것이 인성이다

최익용 지음 | 값 25,000원

저자는 오랜 시간 젊은이들과 함께 호흡하며 지낸 만큼 '대한민국의 미래를 짊어진 청년들에게 가장 필요한 것은 무엇일까?'에 대해 늘 고민했다. 그리고 "인성(人性)이 무너지면 나라의 미래는 없다"라는 결론 아래 '인성교육학-이것이 인성이다' 원고의 집필을 시작했으며 각고의 노력 끝에 마침내 '한국형 인성교육해법'을 제시하였다. 특히 이번 책은 평생의 경력과 연구결과를 집대성한 작품으로 21세기 대한민국 인성교육서의 새로운 지평을 열어줄 것으로 기대한다.

아버지의 인생수첩

최석환 지음 | 값 15,000원

책 『아버지의 인생수첩』은 당당하게 가장의 길을 걸어온 저자가 두 아들은 물론, 청년들에게 전하는 삶의 지혜와 응원의 함성을 가득 담고 있다. 굴곡이 진 삶의 여정에서 위기를 이겨내기 위해 스스로 체득한 성공 노하우와 경험담은, 이제 막 세상에 첫발을 내디딘 젊은이 누구에게나 도움이 될 만큼 알차고 든든하다.

Happy Energy books

좋은 **원고**나 **출판 기획**이 있으신 분은 언제든지 **행복에너지**의 문을 두드려 주시기 바랍니다.
ksbdata@hanmail.net   www.happybook.or.kr   단체구입문의 ☎ 010-3267-6277

하루 5분 나를 바꾸는 긍정훈련

행복에너지

'긍정훈련'당신의 삶을 행복으로 인도할
최고의, 최후의멘토'

'행복에너지 권선복 대표이사'가 전하는
행복과 긍정의 에너지, 그 삶의 이야기!

권선복

도서출판 행복에너지 대표이사
지에스데이타(주) 대표이사
대통령직속 지역발전위원회
문화복지 전문위원
새마을문고 서울시 강서구 회장

국민 한 사람, 한 사람이 모여 큰 뜻을 이루고 그 뜻에 걸맞은 지혜로운 대한민국이 되기 위한 긍정의 위력을 이 책에서 보았습니다. 이 책의 출간이 부디 사회 곳곳 '긍정하는 사람들'을 이끌고 나아가 국민 전체의 앞날에 길잡이가 되어주길 기원합니다.

** **이원종** 대통령직속 지역발전위원회 위원장

'하루 5분 나를 바꾸는 긍정훈련'이라는 부제에서 알 수 있듯 이 책은 귀감이 되는 사례를 전파하여 개인에게만 머무르지 않는, 사회 전체의 시각에 입각한 '새로운 생활에의 초대'입니다. 독자 여러분께서는 긍정으로 무장되어 가는 자신을 발견할 수 있을 것입니다.

** **최 광** 국민연금공단 이사장

권선복 지음 | 15,000

**"좋은 책을
만들어드립니다"**

저자의 의도 최대한 반영!
전문 인력의 축적된 노하우를 통한 제작!
다양한 마케팅 및 광고 지원!

최초 기획부터 출간에 이르기까지, 보도 자료 배포부터 판매 유통까지! 확실히 책임져 드리고 있습니다. 좋은 원고나 기획이 있으신 분, 블로그나 카페에 좋은 글이 있는 분들은 언제든지 도서출판 행복에너지의 문을 두드려 주십시오! 좋은 책을 만들어 드리겠습니다.

| 출간도서종류 |
시·수필·소설·자기계발·일반실
인문교양서·평전·칼럼·여행기
회고록·교본

도서출판 **행복에너지**
www.happybook.or.kr
☎ 010-3267-6277
e-mail. ksbdata@daum.net